KB170424

우리 시대의 판결

원융

자유정신사

우리 시대의 판결

도서출판 자유정신사는 인문 철학 전문 출판사 입니다.

우리 시대의 판결

원융

자유정신사

우리가 만드는 시대정신

우리 시대의 판결

우리가 만드는 시대정신

우리 시대의 판결

천신과 판관, 지상으로 내려오다

“이번에 지상에 한 번 다녀오시지요. 며칠 지내셨지만, 지상은 벌써 삼천 년이나 흘러가 버려 어떻게들 살고 있는지 슬슬 궁금하군요. 부디 한 번 내려가 사람들이 잘 사는지 보고 오셨으면 합니다.” 천상에서 지상의 문제를 해결해 주는 판관이 여쭈었다.

“뭘 그리 궁금해하느냐. 내가 지난번에 화가 나서 사람들을 거의 멸족 시켜 놓았으니 다시는 그렇게 타락하지는 않았겠지. 하지만 며칠 이곳에 있어 지루하기도 할 터이니 한 번 내려가, 사람들이 정신 차리고 잘 사는지 보고 오너라. 나도 바람이나 쐬고 와야겠다. 내려갈 준비를 해라.” 천상의 신은 지상으로의 출타를 승낙했다.

“그런데, 천사와 사신들이 저에게 보고하는 내용을 보면 조금 기묘하게 세상이 돌아가고 있다고들 합니다. 이번에 내려가셔서 따끔한 판결을 내리고 와야 할지 모릅니다.” 판관이 말했다.

“그럴 리가 없다. 내가 여러 곳에 천사들과 사신들을 보내고 그들을 통해 어떻게 살라는 메시지를 보내고 있는데 그럴 리가 있겠느냐. 오해일 것이다.” 천상의 신이 말했다.

“저도 그러기를 바랍니다. 우선 바다 동쪽 나라로 출발하겠습니다.” 판관은 이렇게 말하며 출발 준비를 서둘렀고 많은 사신이 천신과 판관을 보좌하기 위해 동행했다.

하늘이 붉게 빛나고 땅이 흔들리며 천둥 번개와 함께 하늘의 천신, 판관과 수행원들은 동쪽 나라 가까운 어느 곳에 도착했다.

1. 우리 시대 약자는 살기 괜찮은가

천신 일행은 동쪽 나라에 도착하여 사람들이 많이 모여 사는 마을이 왼쪽으로 보이는 인적 드문 구부러진 언덕에 짐을 풀었다. 이때, 한 사람이 이제 막 잎이 나기 시작하는 느티나무에 기대어 눈물을 흘리고 있는 모습이 보였다. 천신을 수행하는 판관이 이를 보고 그 사람에게 가까이 다가가 물었다.

"무슨 일인가? 날씨도 좋은데 그렇게 슬피 울고 있으니."

"네, 석 달 전에 누군가에게 맞아 크게 다쳤는데, 폭력을 쓴 당사자는 그대로 풀려나고 아무런 벌도 받지 않아 억울해서 이렇게 울고 있습니다. 저는 이렇게 일자리도 잃고 모든 것을 잃었는데 말입니다."

"그럴 리가 있겠느냐. 네가 무언가 잘못한 일이 있거나 그 사람이 잘못한 일이 없거나 하겠지. 쓸데없이 다른 사람을 모함하는 것은 아니냐?"

"추호의 거짓도 없습니다. 저도 이와 같은 판결이 어떻게 나왔는지 알고 싶으니 부디 하늘의 판관께서 그 이유를 알려주시기를 간청드립니다."

"알겠다. 내가 그 판결을 내린 지상의 판사를 한번 조사해 보겠다."

이런 사정으로 하늘의 판관은 지상의 판사를 느티나무 언덕으로 불렀다.

"자네가 얼마 전에 폭력을 휘두른 사람을 풀어준 판사인가?"

"네 그렇습니다. 그 재판은 법에 따라 적법하게 이루어진 판결입니다. 아무런 문제가 없습니다." 지상의 판사가 말했다.

"그렇지만 사람을 그리 다치게 해놓았는데 형식적 형벌만 주고 그냥 풀어준다는 것은 좀 이상하지 않느냐? 자세히 그 이유를 말해 보거라." 하늘의 판관은 그래도 이해할 수 없다는 듯이 말했다.

"하늘과 달리 지상에서는 사정이 있습니다. 모두 먹고살아야 하기 때문에 어느 정도의 부조리는 그런가 보다 하고 넘어가야 합니다."

"그래? 그 부조리라는 것이 무엇이냐?"

"그 사건을 담당한 피고 측 변호사는 유명한 법률 회사의 명망 있는 변호사입니다. 그가 맡은 사건에서 패소하게 되면 그 법률 회사에서 일하는 직원들 수십 명이 안정되고 풍족한 생활에서 밀려날지 모릅니다. 한 사람을 희생해서 많은 사람의 행복을 제공하는 것이 공리적 차원에서 필요합니다. 법관으로서 그 정도의 철학적 판단을 내리는 것은 그렇게 부조리하지 않다고 생각합니다." 지상의 판사가 말했다.

"언뜻 들으면 네 말도 그럴듯해 보이는구나. 하지만 내가 보기에는 수십 명의 피해보다 폭력을 당한 그 사람의 억울함이 더 커 보이는구나. 또 다른 이유는 없는가?" 판관이 물었다.

"이건 비밀이기는 한데. 사실 더 중요한 이유가 있습니다. 우리 사회는 부를 가진 사람들이 이끌어가고 있습니다. 그런데 그들에게 좋지 않은 일이 생기면 사회 발전에 막대한 지장이 생깁니다. 이를 대비해서 형평성 논란을 무마시키기 위해 가끔 일반인들에게도 아주 낮은 형량을 부여해 놓아야 합니다." 판사가 이렇게 말했다.

"뭐라고? 부자들의 범죄 행위를 가볍게 처벌하기 위한 선례들로 만들어 놓기 위해 부조리한 판결을 한다고? 지금 제정신이냐?" 하늘의 판관이 물었다.

"왜 그러십니까? 지금까지 사람의 역사는 정복자와 강자 중심의 역사였으며 그 과정을 통해 인류의 문명은 지금처럼 진보하지 않았습니까? 전제적 공동체의 발전을 위해 어느 정도 소수의 희생은 어쩔 수 없습니다." 지상의 판사는 아무 망설임 없이 이렇게 말했다.

"공동체의 문명 진보를 위해 필요하다? 기묘한 이론이다. 무엇이 진보인지에 대한 통찰이 잘 되었는지는 모르겠다. 지금이 괜찮은 세상이라고 생각하는 모양이구나. 하지만 하늘에서 내려다보면 그렇지 않다고 생각하는 사람이 더 많은 것 같은데." 하늘의 판관이 말했다.

"자연의 세계에서도 이 같은 일은 상식입니다. 들소 떼가 강을 건널 때 악어의 밥이 되는 몇 마리의 소가 수만 마리의 생명을 구하는 법입니다. 이는 인간의 뛰어난 성신들도 이를 인정합니다. 플라톤은 인간의 서로 다른 불평등적 역할을 주장했고 그로티우스도 다수 민중이 소수를 희생하는 것이 인간의 역사였음을 인정했습니다. 그뿐 아니라 홉스도 인간은 강자가 모든 것을 갖는 것이 자연 상태라고 통찰했습니다. 무엇이 잘못이겠습니까?" 지상의 판사는 확신을 갖고 자신의 판결을 정당화했다.

하늘의 판관은 지상의 판사 판결에 대해 고민하더니, 그 재판을 담당했던 변호사와 검사를 불러 의견을 다시 들어보기로 하고 그들을 불렀다.

변호사: "지금 판사님의 말씀 그대로입니다. 그렇게 해야 힘 있고 재력 있는 사람이 잘못을 저질러도 그들에게 면죄부를 줄 수 있을 것 아닙니까? 대를 위해 소는 희생할 만한 가치가 있습니다. 저는 힘 있는 자를 변호하는 것이 아니라 우리 사회를 유지하기 위한 정의를 변호하는 것입니다."

검사: "변호사의 말이 틀린 것은 아닙니다. 하지만 그에게 죄가 없다고 하는 것은 어불성설입니다. 분명히 죄가 있고, 그 죄를 벌해야 하지만, 그의 사회적 역할을 위해 집행을 유예해 주자는 것이고, 제 의견대로 판결이 난 것입니다."

하늘의 판관은 약간 혼동이 되었다. 이들 지상의 변호사나 검사들이 모두 한통속이었다.

"아니, 검사조차 그를 풀어 주어야 한다고 생각한 것이냐? 지상의 삶이 어떻게 돌아가는지 도저히 알 수가 없구나. 다시 한번 묻겠다. 정말 사회를 이끌어가는 사람들은 잘못을 해도 풀어주어 그들의 역할을 하게 해야 한다고 생각하느냐? 솔직히 말해 보아라."

변호사: "솔직히 말해 변호사의 윤택한 생활을 유지하려면 돈 있는 자들의 의뢰가 필수적으로 필요합니다. 가난한 사람들의 소송은 별로 돈이 되지 않습니다. 수많은 변호사가 먹고 살려면 사실 다른 방법이 없습니다."

"돈벌이 수단으로 정의를 버린단 말이냐?" 그럼, 검사, 자네는 왜 그런가? 자네는 국가에서 월급을 받는 공무원 아닌가?" 하늘의 판관이 검사에게 물었다.

검사: "그건 판관님이 잘 모르셔서 그럽니다. 검사 월급은 사회 지도층으로 활동하기에는 턱없이 부족합니다. 어차피 나중에 변호사 개업을 해야 돈을 벌 수 있기 때문에 변호사의 의견에 약간 반대하는 척만 할 뿐입니다. 그렇게 하지 않으면 우리 사회에서 검사라는 직업은 금세 초라한 공무원 신세가 될 것입니다."

"세상이 기묘하게 바뀌어가는구나! 이를 어찌한단 말이냐. 지상에서 이를 해결할 만한 다른 방법은 없느냐? 누가 지상에서 의견을 가진 사람을 이곳으로 불러오너라. 그의 의견을 들어보자." 하늘의 판관이 말했다.

조금 있으니 어떤 서른 살쯤으로 보이는 두 명의 젊은 사람이 하늘의 사자와 천사들에 둘러싸여 이곳 언덕에 도착했다.

판관: "자네는 누구인가?"

젊은 사람 1: "이곳에 태어나 이곳에서 평범하게 자란 사람입니다. 훌륭하신 분들의 일에 제가 낼 의견은 별로 없을 것 같습니다."

판관: "그런가? 하지만 평범한 보통 사람의 의견도 참고가 될 테니 한번 물어보겠네. 현재, 범죄에 대한 지상의 판결이 적절하다고 생각하는가? 아니면 더 엄격해져야 한다고 생각하는가?"

젊은 사람 1: "물론 경우에 따라 다를 것으로 생각합니다. 어떤 경우는 엄격해져야 하고 어떤 경우는 오히려 좀 더 관대해지는 것이 필요하다고 생각합니다. 그런데 인간이라는 종족은 그것을 판단할 능력이 없습니다. 자신의 이익을 포기할 만큼의 고귀한 영혼이 사라진 지 오래이기 때문입니다. 그 해결책을 인간에게서 찾는 것은 불가능하지 않나 싶습니다."

판관: "인간이 하는 일에 대한 해결책을 인간에게서 찾을 수 없다고 생각하는 것은 무슨 괴변인가? 그럼 인간의 일을 누가 해결하는가? 신이 하나하나 해결해 주어야 한단 말인가? 아무튼 현재 상황은 몹시 어려운 것 같구나. 그래 다른 사람의 의견도 들어보자. 자네는 어떻게 생각하는가?"

젊은 사람 2: "태어났을 때 어린아이들의 귀엽고 착한 심성들을 되돌아보면 사람은 본래 그렇게 악하지는 않다고 생각합니다. 여러 가지 상황이 나쁘게 흘러가 죄를 짓게 되지만 그 순수하고 착한 어린 시절을 생각하면 가능한 그들이 회개하고 본래의 심성으로 돌아올 수 있도록 기회를 주어야 한다고 생각합니다. 이는 힘이 있건 없건, 돈이 있건 없건 다르지 않다고 생각합니다."

판관: "이 어찌 된 일인가? 저 느티나무 아래서 슬픔에 잠긴 자의 억울함은 그럼 어찌할 수 없다는 말인가? 억울한 사람의 말을 직접 들어보자. 생각을 말해 보아라."

억울한 사람: "지금 모든 사람이 무력감으로 저항하지 못하는 상태인 것 같습니다. 이 쇠사슬을 풀어줄 그 무엇이 필요합니다. 결국 사람들의 이기심과 욕망이 뒤엉켜 세상은 점점 나락으로 떨어지고 이를 해결할 방법은 사람의 마음을 변화시키는 숭고한 사람들이 많이 나오도록 하는 수밖에 없다는 생각이 듭니다. 아니면 하늘의 신

께서 사람들이 죄를 무서워하도록 무언가 엄한 판결을 내려 주시기를 부탁드립니다."

판관: "죄를 지어도 무서워하지 않으니 점점 사람들이 겁이 없어지는구나. 그러나 기억해야 할 것이다. 현실 세계에서는 죄를 짓고도 그럭저럭 살아가겠지만, 마음속 세상에서는 다른 태양과 다른 바람이 불 것이다. 천신의 명령 때문에 인간의 일에는 직접 간섭할 수도 없으니 어찌하면 좋겠느냐?"

이때, 우연히 그곳을 지나던 갸름한 얼굴의 소년이 판관의 탄식을 듣고 이렇게 말했다.

"무엇을 그리 탄식하십니까?"

"지금 지상 세계가 정상이 아니구나. 신이 인간을 직접 다스릴 수도 없고 인간들에게 맡겨 놓자니 힘없는 약자들이 자꾸 당하게 생겼구나."

"그럼, 신적 정신을 가진 인간을 만드시어 지상으로 보내 그곳을 통치하도록 하면 될 것 아닌가요?"

"그건 안 될 일이다. 그 같은 사람을 갑자기 등장시키는 것도 이상하며, 어린아이로 태어나게 한다면 그것은 시간이 너무 걸리고 인간으로 자라면서 신성이 그대로 유지되리라는 보장도 없다. 인간의 정신은 꽤 강력하다. 신이 그렇게 만들었으니 어쩔 수 없다."

"음, 그럼 인간들에게 무서운 경고를 보내면 되지 않습니까? 스스로 그것을 알아차리고 생각을 바꿀지도 모르지 않습니까?"

"그렇긴 하다만, 그것을 욕심으로 가득한 어리석은 인간들이 알아 차릴지는 모르겠구나. 그래도 현재로서는 달리 방법이 없는 것 같으니, 천신과 상의하여 어떤 경고를 내릴지 결정하겠다. 하지만 경고를 내릴 경우에도 판관인 내 판결이 필요하다. 판결과 경고를 같이 내릴 것이다."

"욕심 많고 자비심과 배려심이 없고 자기밖에 모르는 파렴치한 인간들에게 직접적으로 보내는 경고를 해주시기 바랍니다. 파렴치한 어른들은 어리석어서 한번 돌려서 경고하면 잘 알아듣지 못할 테니까요."

"알겠다."

판관은 천신에게 보고할 판결문을 준비하기 위해 자신의 거처로 향했다. 약한 처벌을 내림으로써 힘 있는 자들을 보호하고 그것으로 돈을 벌고 있는 사람들은 어떤 처벌이 내릴지, 강자들을 위한 법에 어떤 심판이 내려질지 모두 기다렸다. 이때, 이 사건의 가해자, 피고가 나타나 이렇게 말했다.

"각자에게는 자신의 위치가 있는 법입니다. 나에게 맞은 자는 자신의 위치를 모르고 나에게 대항하다 그렇게 된 것입니다. 처음부터 고분고분하게 내 말을 들었으면 이런 일은 없었을 것입니다. 모든 사회에서 계급이 있는 것은 당연하고 자연스러운 일입니다."

이 말에 거처로 가려던 판관은 얼굴을 찡그렸고 갸름한 얼굴의 소년이 이렇게 말했다.

"아마 저 사람은 자신이 조금 다른 사람인 줄 아나 봅니다. 바로 저런 사람들 때문에 인간은 영원히 비참함에서 벗어나지 못할 것입니다. 저런 인간들은 우리 인류에서 추방시켜 다른 세상으로 보낼 수 없나요?"

"저 아이는 어린 나이에 못 하는 말이 없군요. 하지만 저 순수해 보이는 아이도 돈을 많이 벌거나 조금 높은 자리에 올라가면 곧 태도를 바꿔 제가 한 말보다 더한 말로 힘 있는 자들 편을 들 겁니다. 저렇게 약자 편을 드는 자들은 모두 그것이 자신의 이익에 도움이 될 거로 생각해 저러는 겁니다. 인간은 모두 비슷합니다. 저도 저 어린 소년 나이에는 힘없는 약자였고 저 소년과 같은 주장을 하고 다녔습니다."

"네 말은 인간은 원래 모두 그러하니 어떠한 판결과 경고에도 그러는 척만 할 뿐, 하나도 변하지 않을 거란 말이냐? 네가 판결을 무의미하게 만들어 인간 세상에 대한 신의 간섭을 막으려 하는구나. 그것이 힘만 있고 어리석은 너희들의 얕은 의도라는 것을 하늘의 판관인 내가 모를 것 같으냐? 기다려라. 판결을 내리겠다. 그리고 이 판결을 지키지 않는 자들은 죽을 때 단말마의 고통을 억울한 약자가 괴로움을 느꼈던 시간 만큼 부과할 것이고, 억울함을 느끼게 하는 일을 50생 반복해서 살도록 할 것이며, 그 자손은 대대로 억울함을 준 사람의 노예로서 20생을 살도록 할 것이다."

잠시 후, 판관은 판결문을 공개했다. 이에 대해 지상의 판사, 검사, 변호사, 경찰관 등 판결과 관련된 사람들은 모두 불만을 표하고 판관에게 이의를 제기했다. 지상의 법관은 이렇게 말했다.

"지상의 일은 천상에서 관여할 수 없도록 천신이 결정했는데, 판관님은 무슨 권한으로 지상의 일에 관한 판결을 내리십니까? 천상

「약자에 대한 판결 불공정 문제」에 대한
판결문

인간의 죄에 대한 판결과 관련된 사람들, 즉 법관, 검사, 변호사, 경찰관 등 지상의 판관은 자신의 이익을 위하여 그리고 힘 있는 자들을 보호할 의도를 가지고 약한 자들을 억울하게 하는 일이 없도록 해야 하며 이에 아래와 같이 명한다.

1. 지상의 판관은 모든 판결을 빈부 고하를 막론하고 누구에게나 예외 없이 평등하게 선고해야 한다, 이를 어기면 최고의 형벌로 반드시 처벌한다.

2. 판결에는 피해자의 의견을 반영하여 선고해야 한다. 피해자가 원하면 배심원에 포함시켜 재판하며, 반드시 피해자의 분노와 슬픔을 충분히 반영하는 수준으로 선고해야 한다.

3. 재력, 또는 권력으로 가해자의 처벌을 집행유예 등 미약하게 선고해서 피해자의 분노를 사는 행위는 절대 금지한다. 이와 같은 판결에 관련한 재판관, 검사, 경찰 모두 예외 없어 처벌한다.

4. 위의 내용을 어긴 지상의 판관은 즉시 파면하고 10년 이상 또는 무기징역 형을 선고한다. 이때, 피해자의 승인 등, 특별한 사정이 참작되지 않는 이상 예외 없이 무기징역 형을 선고한다.

천상의 판관

의 법칙에 위배되는 것 아닙니까?"

"그건 네가 몰라서 하는 말이다. 죽음의 순간은 지상과 천상이 모두 관여하는 부분으로 천상의 판결이 유효한 부분이다. 단말마의 고통은 단 한 순간도 견디기 어려운 고통인데 오랫동안 그 고통을 겪도록 하겠다. 후회해도 소용없다. 그리고 판결 또한 천신의 재가를 받고 실행할 것이니 네가 관여할 이야기가 아니다."

"그건 너무 하십니다. 그리고 갑자기 이런 판결을 경고도 없이 내리시면 이미 했던 일들은 어떻게 하란 말씀입니까?"

"이미 했던 죄에 대해서는 속죄할 기회를 주겠다. 고통을 받은 피해자들에게 일일이 머리 숙여 진심으로 사과하고 원하는 만큼 보상해 주도록 해라. 사과에 진심이 담기지 않으면 소용없다. 너희들이 나를 절대 속일 수는 없으니 유념하도록 하라. 경고한다는 것은 이미 행했던 일은 불문에 붙인다는 의미인데, 처음에는 그렇게 하려 했으나 너희 인간들의 생각을 들어보니 경고로써 지난 일을 용서해서는 안 되겠다. 반드시 지난 죗값도 치르도록 하라."

"그래도 지상의 판관들이 실수도 할 수 있는데 최소 형벌이 10년 이상이고 대부분 무기징역인 것은 너무 가혹합니다."

"그렇게 하지 않으면 천신의 판결을 두려워하지 않고 따르지 않을 것이기 때문이다. 지상의 사람들이 지금처럼 약자들을 이용하거나 무시하는 모습이 사라지면 이 판결문은 재고될 것이다."

다음 날, 판관의 판결은 천신의 재가를 받고 즉시 시행되었다. 천신에게 보고하는 과정에서 판관은 지상에 부조리가 만연되어 있음을 보고했고 천신은 즉시 지상에 방을 내려 부조리를 모두 고발하도록 했다. 판관에게는 부조리를 해결할 수 있는 판결을 작성하여 계속 보고하도록 지시했다. 방이 지상으로 뿌려지자 속속 억울하고 부조리한 지상의 문제들이 고발되었다.

억압과 다툼을
'권력과 민중' 사이의 문제라고 생각하면 오산이다.
그 근원은
'힘 있는 자와 힘없는 자' 사이의 문제이다.
문제의 근원이 자존감으로 무장한 '나'일 수 있다.
자존감이 거만함이 되지 않도록 주의하라.

2. 우리 시대 교육은 문제없는가

어느 부부가 천상의 판관에게 인사하며 이렇게 말했다.

"저희는 대학을 준비하는 아이들을 가진 부모입니다. 두 아이가 대학을 준비하는데 대학에 서열이 있어 좋은 대학을 가기 위한 입시 경쟁이 치열합니다. 아이들은 아침부터 저녁까지 공부하지만 좋은 대학을 갈 가능성은 그렇게 크지 않습니다. 아이들이 좋은 대학을 가기 위해 가장 순수하고 소중한 시기를 그렇게 유익해 보이지도 않는 공부를 하면서 보내는 것을 고쳐 주시기를 간청 드립니다."

"아니, 대학에 서열이 있다고? 그 대학은 학비가 싸거나 아니면 졸업하면 자동으로 취업하는 특혜가 있는 대학이냐? 왜 그런 특혜를 만들었느냐?"

"아닙니다. 그런 특혜는 없습니다. 학비가 싼 것도 아니고 원래부터 취직 같은 것이 정해진 것은 없지만 경쟁을 통해 우수한 학생들이 진학하다 보니, 기업에서 그 학교 출신들을 선호하게 되어 결국 그런 특혜가 있는 셈이 되어 버렸습니다."

"그런데 왜 그곳을 가려고 하느냐? 몇 년 정도 사람들이 그 학교에 가지 않으면 저절로 그런 서열은 없어질 것 아니냐?"

"사람들의 생각이 그렇게 쉽게 바뀌지 않습니다. 모든 학생이 그 학교에 지원하지 않는 것은 어렵습니다."

"해보지도 않고 어렵다고 하는구나. 그 서열이 높은 학교는 선발 기준이 무엇이냐?"

“국어, 영어, 수학을 중심으로 한 과목들입니다. 이 과목들에서 성적순으로 선발합니다. 성적만으로 뽑지 않으려고 다른 종합 능력을 보고 뽑으려 하는데 그 선발 과정에서 여러 가지 비리도 있고 결국 학력이 높은 아이들이 종합 능력도 높기 때문에 결국은 학력이 기준이 됩니다.”

“그럼, 성적이 우수한 아이들은 인격적으로 우수한 아이들이겠구나? 여러 과목을 두루 잘한다면 말이다.”

“그건 아닙니다. 현재 교육은 기억력과 오랫동안 그것을 공부하는 인내력만 있으면 성적이 좋습니다. 성적과 아이들의 성격이나 인격은 관계가 없습니다. 실제로 학교에서 아이들의 종합 인격을 키우는 독서와 철학 교육을 전문적으로 하지 않고 있고 그것을 가르칠 만한 선생님도 없습니다.”

“점점, 이상한 말만 하는구나. 그럼 우수한 학교의 학생들이 철학 교육도 받지 않는단 말이냐? 그럼 우수한 아이들이 사회에 나가면 결국 사회를 어지럽히는 사악한 엘리트가 되는 것 아니냐? 그런 아이들을 선발하는 대학들은 무슨 생각을 하는 것인지 모르겠다. 그렇다면 대학에 들어가서 올바름과 선함 그리고 아름다움을 가진 인격체를 위한 교육을 하는 모양이구나. 그래서 서열이 높은 것이냐? 그런데 그런 인격체를 위한 교육은 대학에 들어가서 교육하면 이미 늦다. 정말 앞뒤가 안 맞는구나.”

“대학에서 그런 교육은 하지 않습니다. 이미 대학은 취업을 위한 자격과 스펙 쌓기를 위한 과정과 도구로 이미 바뀌었습니다. 대학에 바랄 것은 아무것도 없습니다.”

"아주 엉망이구나. 설마 생각이 있다면 국가의 교육을 그렇게 내버려 둘 리가 없다. 현재 교육제도의 서열에 대해 달리 의견을 가진 자는 없는가? 현재 국가 교육을 담당하는 책임자를 불러오너라."

잠시 후, 사자들이 교육 책임자를 불러왔다. 그는 현재 대학 서열화 문제에 대한 이야기를 듣고 천상의 판관에게 이렇게 말했다.

"대학 서열화에 불만을 가진 사람들의 말은 자신이나 자신의 아이들이 그 대학에 갈 만한 실력이 되지 않아 그렇게 말하는 것입니다. 현재 서열이 높은 대학을 가기 위해서는 학생 시절 대부분을 열심히 그리고 성실하게 노력해야 하며 그 노력과 인내의 결과로써 좋은 대학에 가는 것입니다. 현재의 교육 시스템으로 우리 국가는 발전해 왔고 이로써 우리 대학 서열화를 통한 학생들의 경쟁적 노력을 이끄는 현재의 교육 방법은 그 효과가 검증되었다고도 할 수 있을 것입니다."

"네 생각은 성실성이 있으니 좋은 대학에 갈 만하다는 이야기인가? 그런데 성실성은 돈을 벌기 위한 기업이 그 사원들에게 요구하는 가치 아닌가? 대학이 기업에서 요구하는 가치 중심으로 학생들을 선발하는 것이 옳다고 지금 말하는 것이냐? 기업의 목적은 다른 사회적 가치도 있지만, 이익 추구가 가장 큰 목적 아니냐? 무언가 잘못됐다고 생각하지 않느냐?"

"판관께서는 지상의 삶에 대해 잘 모르시고 하시는 말씀 같습니다. 지상의 삶은 먹고 사는 문제가 그렇게 쉬운 일이 아니며 기업을 포함해 돈을 벌 수 있는 지식을 그 중심으로 하는 것은 교육의 가장 중요한 역할입니다. 잘못된 것은 없습니다."

"교육 책임자가 그런 생각을 가지고 있으니 대학 서열을 부조리하다고 고발한 사람들의 의견은 무시되겠구나. 현재 지상은 먹고 사는 것이 최고의 과제인가? 내가 알고 있는 바는 전쟁 후 50년, 서기 2000년까지는 그의 말이 맞겠지만 지금은 그것보다 더 중요한 것이 있을 것이라 생각하는데, 또 다른 사람의 의견을 들어봐야겠다. 사자들은 교육을 직접 담당하는 교사들을 불러오너라."

사자들은 즉시 학교 교사 둘을 천상의 판관에게 데리고 왔다. 판관은 교사들에게 현재 서열화되어 있는 대학에 대한 의견을 물었다. 한 교사가 이렇게 말했다.

"지금의 서열화는 우수한 학생들을 대학이 확보하고 그들이 더욱 능력을 발휘할 수 있도록 하는 엘리트 교육의 일부입니다. 이는 인류 2500년 이상의 역사를 가진 교육 전통입니다. 지금 우리 세대만의 특별한 교육 시스템은 아닙니다. 몇 가지 부작용은 있을 수 있겠지만 장점도 많은 제도이기 때문에 대학 서열화로 아이들이 고생하는 것은 어쩔 수 없는 일이라고 생각합니다. 학교 내 학생들도 힘들기는 하지만 대학 서열화는 인정하는 분위기입니다. 그것마저 없다면 학교 교육은 더욱 설 자리를 잃을 것입니다."

이 말에 또 다른 교사는 그의 의견을 인정할 수 없다며 흥분하며 이렇게 말했다.

"저 교사분은 실상을 전혀 파악하고 있지 못합니다. 아이들은 하루하루 경쟁 속에서 지쳐가고 있고 서로 즐겁게 살아가는 법을 잊어버리고 있습니다. 엘리트 교육이 정말 엘리트를 위한 교육인지 부모로부터 충분한 교육적 지원을 받는 아이들을 위한 교육인지는 생각해 봐야 할 것입니다. 많은 학생이 서열화되는 성적으로 삶마저 서열화되는 착각 속에서 좌절하는 삶을 살고 있습니다. 만일 대학 서열화를 없애고 오히려 초, 중, 고등학교 가듯이 자신의 집 근처 학교로 추첨해서 간다면 도대체 무엇이 문제입니까? 이 방법은 전혀 문제없을 것이며, 오히려 10대의 시기가 가장 힘들고 어려운 시기에서 가장 행복하고 즐거운 시기로 바뀌게 할 것입니다."

"과연 그럴까요? 힘들고 어려운 시기가 몇 년 뒤로 미루어지는 것밖에는 없는 것 아닙니까? 어차피 사람이 자신의 목표를 이루려면 필요한 준비의 양은 있는 법입니다. 피아노를 잘 치기 위해, 그림을 잘 그리기 위해, 무언가를 잘하기 위해 필요한 준비 기간은 항상 있는 법입니다. 10대의 시기를 편히 지낸다면 자신의 목표를 이루기 위한 시기만 연장될 뿐, 어차피 들여야 할 노력은 변함없습니다. 그러므로 10대 시절에 그것을 위한 노력을 하는 것은 각자 자신의 인생을 위해서도 필요한 일입니다."

이야기를 듣고 있던 판관은 이렇게 말했다.

"10대의 시기를 자유롭게 보낼 것인지, 미래를 위한 준비의 시간으로 할지의 문제이구나. 하지만 너희들이 하나 알지 못하고 있는 것이 하나 있다. 자유의 시간과 준비의 시간은 분리하는 것이 아니라는 것이다. 자유로운 상태에서 준비하는 것이고 준비하면서도 자유로워야 하는 법이다. 따라서 10대의 가장 황금기를 삶의 준비 기간으로 생각하는 것은 삶의 원리를 잘 모르고 하는 말이다. 이번에는 아이들 이야기도 들어봐야겠다. 사자들은 아이들을 불러오너라."

사자들은 학교로 가 중학생과 고등학생 한 명씩을 데리고 왔다.

지금 이야기하고 있는 대학 서열화에 따른 입시의 어려움에 대하여 고등학생 아이가 먼저 이렇게 말했다.

“무엇보다도 우리 인생이 너무 일찍 결정되어 버리는 것은 무언가 변화가 필요합니다. 어린 시절, 조금 다른 생각 하고 놀면 평생 능력 없고 불성실하고 부족한 인간으로 낙인찍힙니다. 다른 나라의 예는 어떻고, 지금까지의 교육 제도는 어떻고, 유식한 분들은 그런 것을 이야기하지만, 우리에게 필요한 것은 ‘지금 이곳에서 우리가 원하는 것’입니다. 부디 판관께서 ‘우리 인생’이 미숙한 10대 시기에 결정되어 버리는 것을 막아 주십시오. 대학으로 인생이 결정되는 것은 너무 가혹한 일입니다.”

그렇구나. 그래, 함께 온 중학교 어린 학생의 생각은 어떠하냐?

“우리는 어리지만 10대의 시기가 미래를 열심히 준비해야 하는 때라는 것쯤은 알고 있습니다. 그래서 나름대로 고민도 하고 노력도 하고 있습니다. 그런데 문제는 우리가 모두 같은 능력을 갖추고 있지 않다는 것입니다. 어떤 아이들은 국어, 영어, 수학을 잘하고 어떤 아이들은 체육에서 탁월하고 어떤 아이들은 음악을 좋아합니다. 그런데 무슨 이유인지 국, 영, 수, 학과 공부를 잘하는 아이들이 우수 학생, 모범 학생으로 인정되는지 그 이유를 잘 모르겠습니다. 학과 공부를 잘하는 아이들이 모범 학생으로 인정받다 보니 그 아이들은 자연스럽게 스스로를 뛰어난 아이라고 생각하기도 합니다. 왜 국, 영, 수를 잘하는 아이가 우수 학생인가요? 자신이 무언가를 열심히 노력하고 그것을 잘하면 모두 우수 학생으로 인정받는 그런 것은 현재 서열화된 대학 입시 관점으로는 불가능할 것 같습니다.”

"그래, 어린 학생들의 의견도 우리가 중요하게 고려해야 할 것 같구나. 현재 좋은 대학을 많이 보내는 것이 학교 교육 기관의 평가 척도로 되어서는 학생들이 원하는 교육은 절대 불가능할 것 같다. 이는 결국은 모든 것이 기묘하게 돌아가는 어른들의 세상 때문인 것 같다. 그렇다면 조금 전 어떤 교사가 제안한 것처럼 지금 당장 대학 입시를 없애고 초등학교처럼 자신이 살고 있는 곳의 대학으로 간다면 무엇이 문제이냐? 교육 책임자는 말해 보아라."

"그것은 안 될 말입니다. 지금의 일류 대학은 100년 가까운 시간 동안 노력하여 그 명성과 명예를 얻은 학교입니다. 그 명성과 명예는 다른 대학교에서 아무리 노력해도 그렇게 단기간에 쉽게 얻을 수 있는 것이 아닙니다. 만일 그런 제도가 도입된다면 모든 국민이 좋은 대학 근처로 이사 올 것입니다. 그 대학은 정원이 넘쳐나고 지방의 이름 없는 대학은 폐교에 이를 것입니다."

"대학 진학을 위해 이사하는 것을 금지하고 모든 대학의 시설과 교수들을 공유하고 순환 근무토록 하면 되지 않느냐. 지금도 교수나 교직원들은 국가에서 임금을 지불하지 않느냐."

"그건 안 될 일입니다. 대학의 기능은 교육 기능뿐 아니라 연구 기능도 있는데 만일 그렇게 한다면 연구 장비도 이전해야 하고 교수를 따라 그 연구를 같이 수행하는 석사, 박사 과정 학생들도 이동해야 합니다. 그것은 너무도 큰일로 불가능에 가깝습니다."

"이사하는 일이 뭐가 그렇게 어려운 일이냐. 석사, 박사, 대학원생들은 한창 젊은 시기인데 교수 따라 학교를 이동하고 숙식은 대학 기숙사에서 생활하면 되지 않느냐. 불가능할 것이 무엇이냐?"

"그것뿐만이 아닙니다. 대학에 있는 교수들도 가족이 있고 그 아이들이 학교에 다니고 있습니다. 교수가 이동하면 그 가족들의 생활은 모두 엉망이 되어 버릴 것입니다."

"대학이 교수 중심으로 운영되어야 한단 말이냐? 교수가 불편해서 안 된다는 말이구나. 사기업들은 필요에 따라 근무지를 바꾸기도 하고 공무원들도 근무지를 바꾸는 것은 아주 흔한 일이다. 교수라서 안 될 이유가 있느냐? 혹시 정책 입안자들이 대부분 교수이기 때문에 자신이 불이익을 당하지 않기 위해 반대하는 것은 아니냐? 지상의 인간들은 전부들 자기 이익밖에는 생각하지 않는 좀 부족한 인간들뿐이구나. 다른 의견은 없느냐?"

이때, 조금 전 대학 서열화 폐지를 반대했던 현직 교사가 이렇게 말했다.

"만일 그렇게 된다면 학교 교육은 어떻게 하라는 말입니까? 교육은 하나에서 열까지 모두 무너져 내릴 것입니다. 기초 학력은 형편없이 떨어질 것이고 이에 따라 기술 중심의 험난한 세상에서 국가 경쟁력도 추락할 것입니다. 지금 대학 입시에 이익과 불이익을 준다는 것으로 학생들을 겨우 통제하고 있는데, 그렇게 되면 학생들은 선생님들의 말을 듣지 않을 것이며 교사는 아이들을 통제할 수단을 잃게 되어 학교는 더욱 의미가 없는 곳으로 전락할 것입니다."

"무어라고? 스스로 교사들, 자신의 무능을 드러내는구나. 학생들을 통제의 대상으로 생각하는 것도 문제이고 그들을 이익과 불이익으로 통제하는 것이 아니라, 자신의 인격과 능력에 의한 존경심으로써 학생들을 움직여야 하는 것이 정상이 아니냐. 그리고 기초 학력이 떨어지면 대학 졸업이 늦어질 텐데 공부에 뜻이 있는 학생들이라면 과연 그렇게 공부를 등한시하겠느냐? 그리고 만일 등한시한다면 대학에서 훨씬 더 공부를 열심히 하거나 처음부터 대학을 가지 않으면 될 것이다. 교사들이 항상 자신이 해 오던 일밖에 하지 않으려 하고 새로운 일에 도전하려 하지 않으니 변화가 없는 것이다. 국영수 교사들은 반대하겠지만, 학생들에게 국영수 말고도 가르칠 것은 무궁무진하다. 자, 이번에는 학생들이 대학 서열화를 폐지했을 때의 문제점과 해결책을 말해 보거라."

"문제점은 특별히 없을 것 같습니다. 대학 서열화를 폐지하면 손해 보는 사람들의 불만과 이기심을 달래주어야 한다는 것이 유일한 문제라면 문제겠지요. 하지만 그들의 이기심을 계속 만족시켜 줄 필요는 없다고 생각합니다. 대학이 졸업한 대학 이름을 얻기 위한 곳도, 스펙을 올리기 위한 곳도 아닌, 정말로 공부를 하고자 하는 학생들이 공부를 위해 가는 곳이라면, 공부가 처음부터 시켜서 하는 것이 아니라 내가 공부하기를 원해서 하는 것이라면, 기꺼이 즐겁게 공부할 것 같습니다. 대학을 졸업한 사람과 그렇지 않은 사람의 차별이 단지 경력 4년의 임금 차이라는 전제가 필요하고 대학 교육비가 국가에서 지원되어야 한다는 등이 조건이 필요하겠지요. 기업에서도 서열 폐지된 출신 대학만으로는 그 사람의 실력과 성향에 대한 변별력이 없음으로 각 기업 문화에 독특한 선발 기준을 자체적으로 만들고 강화시킬 것입니다. 각 개인도 단지 능력뿐 아니라 그 기업 문화에 자신이 적합한지를 판단하여 그 기업 문화에 적합한 성격을 가진 사람이 자연스럽게 그 회사에 지원하도록 유도될 것입니다."

"그렇구나. 알겠다. 좀 더 어린 다른 학생도 말해 보거라."

"문제라고 하면 지금처럼 학원을 여러 곳 다니지 않아도 되어서 시간이 너무 많이 남아, 어떻게 그 시간을 써야 할지 고민하는 것 정도일 겁니다. 사실 즐거운 고민입니다. 기초 학력이 떨어진다고 생각하는 것은 어른들이 잘못 생각하고 있는 겁니다. 사실, 기초 학력이 떨어지는 것이 아니라 쓸데없는 지식을 덜 배운다고 생각합니다. 학교나 시험에 나온다고 공부하면서도 이것을 왜 배우는지 모르겠고 또한 우리 생활 어디에 쓰이는지 알 수 없었습니다. 시험 끝나고 열흘만 지나면 다 잊어버리는 의미 없는 지식을 암기만 하고 있는 것을 계속해서 느끼고 있었습니다. 기초 학력이란 결국 시험을 위한 기초 학력이지 우리 삶을 위한 기초 학력은 아닌 것 같습니다. 서열화 폐지에 의한 대학 평준화는 어른들의 욕심과 이기심만 버리면 아무 문제 없이 우리에게 즐거운 10대를 돌려줄 거로 생각합니다."

"알겠다. 그럼 교육 책임자와 교사들은 대학 서열 폐지에 의한 대학 입시의 폐지에 대해 마지막으로 다른 의견을 말해 보아라."

"국가의 교육을 책임지는 사람으로서 하고 싶은 말은 교육은 국가의 미래라는 것입니다. 노력해서 명문 대학을 졸업하고 그들의 사회를 이루고 자기 삶의 수준을 높이는 것은 힘없고 가난한 사람들이 성공할 수 있는 거의 유일한 길입니다. 그 길을 막아버리는 것은 국가 발전의 강물을 막는 것과도 비슷합니다. 이는 사회 발전과 효율을 고려하지 않는 공산주의, 사회주의 방식과 다를 바 없습니다. 현명하게 판결을 내려주실 것으로 믿습니다."

"교육이 국가의 미래라는 것은 맞지만, 사회에서 성공하기 위한 유일한 길이 명문 대학을 졸업하는 것이라고 생각하고 있고 또한 그것을 고치려고 하지 않는 너희들을 이해할 수 없구나. 교육 책임자까지 그런 생각을 하고 있으니 지상의 교육은 암울하기 짝이 없다. 학교 선생님들은 다른 의견 없는가?"

"판관께서는 너무 이상적인 것 같습니다. 다시 이야기하지만 자기 동네 대학을 고등학교 다니듯이 입학한다면 도대체 누가 공부를 하겠습니까? 수많은 교사는 공부하려 하지 않는 학생들을 상대로 어떻게 수업을 정상적으로 진행하겠습니까? 다른 가르칠 것이 많다고 하시는데 대학에서 한 과목을 전공하고 오랫동안 공부하고 연구한 과목이 아니라 새로운 강의 분야를 개척하고 교육하라는 말씀은 교사들을 모두 비전문가로 만드는 일이 될 것입니다. 재고해 주시기를 청합니다."

"모두 자기 입장에서만 이야기하는구나. 일반 기업의 연구자들은 자신이 배웠던 전공 지식만으로는 변화하는 기술을 따라갈 수 없어 하루하루 새로운 기술을 공부하고 있다. 학교 선생도 마찬가지이어야 한다. 자신이 한 번 공부했던 내용으로 학생들을 계속 가르치려 한다면 교사는 학교를 떠나는 것이 좋다."

잠시 생각 후, 판관은 이렇게 말했다.

"그런데, 도대체 교사들 월급을 왜 국가에서 주는지 모르겠구나. 그것도 정년까지 보장해주고 연금까지 두둑이 주다니, 교사들이 그 정도로 힘든 일을 하고 그 정도로 훌륭한 성과를 내고 있느냐? 일반 사설 학원과 동일하게 학부모들에게 수업료를 받아 스스로 생활해야 하는 것 아니냐."

이 말에 교사 중 한 사람이 깜짝 놀라 이렇게 말했다.

"아니, 무슨 말씀이십니까? 교사가 되기 위해 얼마나 많은 노력과 경쟁을 뚫고 마침내 학교에 왔는데, 국가에서 책임져주지 않으면 어쩌란 말입니까? 교육은 국가가 책임져야 하고 그것을 위해 교사는 국가에서 운영해야 선생님들이 마음 편안히 양질의 교육을 할 수 있을 것 아닙니까? 월급마저 국가에서 책임져 주지 않으면 국가의 교육은 완전히 무너질 것입니다."

"지금 너희들, 교사들이 양질의 교육을 한다고 생각하느냐? 내가 듣기로는 대부분의 학생은 학원 등 사교육을 통해 좀 더 양질의 공부를 하고 있다고 들었다. 양질의 교육으로 그 중요성을 가늠한다면, 학교를 모두 폐지하고, 선생들을 모두 해고한 후, 학원을 국가 기관으로 하여 학원 사교육 선생들을 국가에서 고용하고 월급을 주는 것이 맞지 않겠느냐."

"일부 사교육 선생님이 우수하다는 것은 인정하지만, 대부분의 사교육 선생님들이 학교 선생님들보다 우수하다고 말할 수 없습니다. 그리고 초등, 중등, 고등학교 모두를 폐교하고 선생님 모두를 해고한다면 사회적 혼란은 상상을 초월할 것입니다."

"지금 그 말은 노예 제도를 폐지할 때, 그것을 유지하려던 사람들이 하던 말과 완전히 똑같구나. 노예를 해방하면 사회는 혼란해지고 국가는 망할 것으로 생각했지만, 아무렇지도 않게 잘 지내고 있지 않느냐. 공교육과 사교육의 차이가 무엇이냐? 공교육은 교사가 잘 가르치든 못 가르치든 국가에서 월급을 주고, 사교육은 잘 가르치면 학부모로부터 수강료를 받고, 못 가르치면 망하는 것 아니냐. 공교육에서도 동일한 시스템이 적용되어야 한다. 이는 교사뿐 아니라, 국공립대학 교수들도 마찬가지이다. 모든 국가 조직에서 전체 국민에게 지급되는 기본 소득 이외에 월급 지급이 보장된 공무원 관련 법은 모두 폐지되어야 한다. 사자는 이 말에 반대하는 사람들을 불러와 의견을 말하게 하라."

사자는 전국에 방을 내려 대학 서열화 폐지로부터 이끌어진 공무원들의 국가 월급 지급 보장 폐지에 대한 의견을 가진 사람들을 불러모았다. 이 사이에 판관은 대학 서열화 폐지와 국가 통합 대학에 대한 판결문을 다음과 같이 작성하고 천신에게 아뢰었다.

판결문을 보자 많은 사람이 반대의 의견을 말했다. 현재 고등학교 1학년으로 모의고사 전국 1등을 하는 학생의 부모는 이렇게 말했다.

"저희 아이는 의대를 가려고 어릴 때부터 피나는 노력을 했는데 모든 학생이 마음대로 대학을 간다면 모든 것이 달라지는 것 아닙니까?"

"보내고 싶은 학과에 가면 될 것 아니냐."

"그러면 모든 학생이 의대를 갈 것이고 의대 교육의 질이 떨어지고 의사들이 너무 많아지면 의사가 되어도 좋은 점이 하나도 없는 것 아닙니까?"

"의대를 가면 고생은 많이 하는데 돈도 못 번다는 것이 인식되면 의대 지원자가 줄어들 것 아니냐. 그것은 몇 년만 지나면 저절로 해결될 일이다. 현재 의사를 하고 있는 자들이 자신의 수입이 줄어들까 걱정하여 격렬히 반대하겠지만, 의사라고 수입이 좋아야 할 이유가 하나도 없다. 의사가 많아지면 오히려 실력 있고 진정한 의술을 시행하려는 의사도 더 많아질 것이다."

「대학 서열화 문제」에 대한
판결문

대학 서열화에 따른 여러 문제점을 해결하기 위해 아래와 같이 판결한다. 국가는 이를 2년 안에 사행하고 모든 관련 법령을 개정할 것을 명한다.

1. 국가의 교육은 전국의 모든 대학을 통합하는 교육, 입시 제도로 개편한다.

2. 대학 입시는 폐지하며 원하는 자는 누구나 대학 교육을 받도록 한다. 재학 중 주소를 옮기면 대학도 그 지역으로 전학한다.

3. 대학 등록금은 전국 어디 대학이나 동일하며 절대 평가하여 일정 학력 이상이면 졸업한다. 졸업정원제는 없다.

4. 대학을 졸업해도 다른 특혜는 전혀 없으며 단지 경력 4년만을 인정한다. 이를 어기는 기업은 예외 없이 폐업시킨다.

천상의 판관

"정말 너무 하시는군요. 사람의 생명을 다루는 일이기 때문에 충분히 실력 있는 사람들이 의사를 해야 하고 이를 위해서는 그만한 보상을 해주어야 좋은 학생들이 의사가 되려고 지원할 것 아닙니까? 실력도 없는 학생들이 의대에 와서 제대로 공부하지도 않고 의사가 되는 것만큼은 피해야 합니다."

"돈을 잘 벌어야 실력 있는 사람이 많이 지원한다는 말이구나. 그렇다면 결국 의사 일은 돈을 위해 하는 것이 아니냐. 돈을 위해 의사가 된 자들이 과연 제대로 된 의술을 제공하겠느냐? 돈을 벌 방법이 있으면 그것에 더 관심을 가지게 될 것 아니냐. 집을 고치는 사람하고 사람의 병을 고치는 사람하고 버는 돈이 달라야 할 이유를 말해 보거라. 결국, 사람의 몸이 집보다 중요하니 더 많은 돈을 받고 고쳐 주겠다는 것 아니냐. 중요한 것을 볼모로 삼아 사람들로부터 더 많은 돈을 거두어들이겠다는 심보가 아니냐. 사람들은 돈이 없어도 목숨을 잃을 순 없으니 할 수 없이 협박에 못 이겨 돈을 지불하니 이는 목숨을 담보로 한 강도와 무엇이 다르냐? 진정한 의술을 하는 사람이라면 좀 더 많은 사람이 그 혜택을 받도록 자신의 삶을 희생하여 의료비를 가능한 낮추는 것이 정상이다. 머리가 똑똑하니 의대에 가서 그것을 이용해 돈을 많이 벌어 보겠다는 마음이 한심스럽구나."

이런 이야기를 하고 있을 때, 판결문이 천신의 재가를 받고 정식으로 공표되었다. 이제, 대학은 통합되었고 대학 입시 제도는 없어졌으며 10대를 공부만 하면서 보내는 일도 옛날 일이 되어 버릴 것이다.

가장 어리석은 일 중 하나는
자기가 만든 원칙에 스스로 구속되는 것이다.
이는 땅에 금을 그어 놓고
여기를 넘지 않겠다고 하는 것과 다를 바 없다.

3. 우리 시대 직업은 그 역할을 다하고 있는가

천상 판관의 요청에 따라 국가 공무원의 급여를 꼭 국가에서 모두 지급해야 하는지에 대한 여러 의견을 가진 사람들이 모여들었다. 당연히 현재와 같이 국가에서 차등 없이 지급해야 한다는 의견과 일부 50% 정도의 급여는 지급하겠지만, 나머지 50%는 기본 소득으로 국가가 모든 국민이 공평히 나누는 임금 구조도 필요하다는 의견도 있었다. 모든 국민이 현재 자신의 소득의 반만 받고 나머지 급여는 평준화하는 것이다. 모든 국민 급여의 완전 평준화는 아니지만 반 정도를 평준화하여 급여에 의한 직업 서열화를 막겠다는 것이다. 직업 서열화는 대학 서열화에도 영향을 미칠 것이다. 이 의견 중 기존 방식을 유지해야 한다는 현직 공무원이 판관에게 이렇게 말했다.

"아니, 국가 공무원의 급여 반을 국가가 지급하지 않는다면 도대체 누가 지급한다는 말입니까? 국가가 반만 지급한다면 수많은 공무원의 급여가 반으로 줄어드는 것 아닙니까?"

"왜, 반으로 줄면 안 되는 특별한 이유가 있느냐? 사람들 중에는 그것도 받지 못하는 사람들도 많이 있다. 무엇이 문제이냐?"

"국가 공무원은 안정된 생활을 해야 부정이 없고 좀 더 국민들을 위해 일할 수 있습니다. 생활에 쪼들리면 부정을 저질러 국민들 생활에 악영향을 미칠 것입니다."

"뭐라고? 가난하면 부정을 저지를 것이라고? 지금 제정신이냐? 정신병자 같구나. 청빈이라는 말도 들어보지 못했느냐? 가난해도 명예롭게 사는 것이 정상 아니냐?"

"하지만 우리는 공무원이 되기 위해 엄청난 경쟁과 시험을 통과한 엘리트들입니다. 그에 합당한 대우를 해주어야 더 좋은 인재들이 공무원으로 계속 지원하고 국가 발전을 위해 노력할 것 아닙니까?"

"공무원은 그렇게 뛰어난 인재들이 아니어도 된다. 국민들이 잘 살아가도록 그들을 돕는 역할을 하는데 뭐 그리 뛰어난 인재들이 필요하냐? 뛰어난 인재들은 우리 삶의 진보와 행복을 위한 일을 하는 것이 국가 발전에 필요하다. 그렇게 뛰어난 인재가 단순한 민원 지원 업무만 하는 것이 오히려 한심한 일이다. 급여를 확 줄이면 공무원이 아무리 안정된 직업이라 해도 뛰어난 인재들은 지원하지 않을 터이니 더욱더 잘된 일 아니냐?"

"하지만 우리들도 지금까지 하던 생활이 있고 아이들 교육과 여가 생활 등을 해야 하는데 갑자기 이렇게 급여를 반으로 줄이신다고 하면 곤란합니다. 사회 전체의 급여가 줄어들지 않는 한, 공무원만 희생을 강요하는 것은 받아들일 수 없습니다."

"너희들이 받아들이고 안 받아들이고의 문제가 아니라, 이것은 천상의 신이 결정할 문제이다. 주제넘게 나서지 말라. 너희가 할 일은 정확한 결정을 위한 정보를 제공하여 천신의 최종 판결을 돕는 일일 뿐이다. 지금 네가 생각하는 것을 해결하기 위해 모든 사기업의 급여도 반으로 줄이고 나머지는 기본 소득으로 전환하는 것을 고려하고 있다. 기업은 급여의 반만 근로자에게 지급하고 나머지는 국가에 지급하는 구조가 될 것이다. 국가는 기본 소득으로써 근로자에게 지불할 것이다. 이것도 함께 고려하고 있으니 걱정하지 말라."

이 말에 공무원은 엄청 투덜거리며 물러났다. 그가 말을 끝내자 자신을 도시의 가난한 육체노동자라고 하는 자가 판관에게 이렇게 말했다.

"판관님, 천신에게 꼭 전해 주십시오. 판관께서 생각하고 계신 급여의 반을 깎는 것에 찬성한다고 말입니다. 저희 가난한 노동자들은 아침부터 저녁까지 쉴 새 없이 강도 높은 노동을 합니다. 공무원들 중에서도 열심히 일하고 국가적으로 힘들 때 적극적으로 나서는 훌륭한 사람들도 많지만, 아침에 출근해서 민원서류 몇 통 떼어 주고 저희가 버는 수입의 두 배 이상을 받는다는 것은 도저히 납득할 수 없습니다. 교사들은 별로 필요도 없는 휴가용 해외 연수도 가고 방학 기간 동안 전부는 아니지만, 대부분의 날들을 쉬면서 월급을 받습니다. 이는 열심히 일하는 사람들을 약 올리는 일입니다. 그들에게 불만을 이야기하면 그렇게 불만을 말하지 말고 시험을 봐서 정식으로 들어오라고 말합니다. 암기력이 동일하지도 않고, 부모들이 시험 준비를 지원해 줄 수 있는 환경이 동일한 것도 아닌데, 그렇게 말하는 것은 불평등의 극치를 보여주는 파렴치한 태도입니다. 저희가 그것을 요구하면 능력도 안 되는 것들이 유능한 사람들을 시기, 질투한다고 몰아붙이니 판관께서 잘 말씀해 주시기 바랍니다. 그리고 판관께서 50% 급여를 국가에 납부한다는 말은 분명 그 50%를 세금으로 하고 그 재원을 가지고 국민 기본 소득으로 공평히 나누어 직업 간 소득 격차를 혁신적으로 줄이자는 말씀이시지요?"

"그렇다. 우리는 똑똑한 만큼 대우받고 급여를 더 받는 그런 세상이 아니라, 자신의 열정과 노력만큼 급여를 받는 국가가 되어야 한다. 머리가 좋던 머리가 나쁘던 열심히 일하면 같은 월급을 받는 세상을 만들어야 한다. 하지만 이 같은 세상은 지금 의사, 판사, 변호사, 검사, 세무사, 변리사 등 머리가 좋은 사람 중심으로 돌아가는 세상에서는 쉽게 만들지 못할 것이니 천상의 신께서 무슨 방법을 만들어 주실 것이다. 사실 머리가 좋은 사람들도 좋은 직업을 얻기 위해서 너무나 많은 노력이 필요하므로 누구나 조금만 노력하면 의사, 변호사 등이 될 수 있도록 그 인원을 대폭 늘려야 한다. 그래야 그들도 쉽게 직업을 가질 것이고 더불어 특권 의식은 사라질 것이다. 별것도 아닌 자들이 무엇이나 된 듯 행동하는 것을 하늘에서 보고 있으면 소크라테스가 왜 그런 말을 했는지 충분히 이해된다."

이때, 오랫동안 어렵게 공부하여 의사가 된 어떤 젊은 친구가 흥분하여 이렇게 말했다.

"그럼, 머리 좋은 사람이 아닌 누가 우리 세상을 이끌어 갑니까? 힘만 센 불량배 같은 자가 이끌어야겠습니까? 아니면 착하기만 하고 어리석은 자에게 맡기겠습니까? 그래도 머리가 좋다는 것은 가장 이성적이고 합리적 판단을 하여 이익이 되는 결정을 하는 능력이고 그것으로 국가가 정상적으로 운영되고 발전하는 것 아닙니까?"

"지상의 역사는 힘센 자들이 왕이 되고 그들이 통치한 역사가 대부분이다. 머리 좋은 자가 국가를 주도한 것은 몇 년 되지도 않는다. 인간의 역사를 모두 부정하겠다는 말이냐? 중요한 것은 머리가 좋은가, 힘이 센가가 아니라 그 사람이 제대로 된 도덕과 철학을 가지고 있는가이다. 머리 좋은 것에 대해 더는 자랑 말라. 머리가 아무리 좋아도 제대로 된 도덕과 철학이 없으면 오히려 사람에게 해만 끼칠 뿐이다."

이 말에 젊은 의사는 돌아설 수밖에 없었다. 하지만 기득권을 가진 다른 머리 좋은 변호사가 이렇게 말했다.

“그렇다고 모든 직업의 임금을 비슷하게 하는 것은 그 직업의 필요성에 비해 지원자가 줄어들어 우리 사회에서 제대로 된 역할을 할 수 없게 될 것입니다. 누가 편한 일을 놔두고 머리를 많이 쓰고 신경 쓸 일이 많은 직업을 선택하겠습니까? 우리 공동체에서 중요한 일을 하는 사람들에게 더 많은 급여를 지급하는 것은 당연한 일로 이것이 부정되어서는 안 됩니다.”

천상의 판관은 이 말에 이렇게 답했다.

“아니, 너희들 머리 좋은 자들이 정말 정의로운 법의 심판이나 진정한 베풂의 의술을 잘 해왔다고 생각하느냐? 내가 하늘에서 볼 때는 너희들 머리 좋은 자들은 시험에 합격하고 그다음에는 돈 벌 궁리를 더 많이 하는 것이 그대로 보인다. 너희들 마음속 생각이 바로 천상으로 전달되기 때문에 거짓말은 소용없다. 사람을 구속할 수 있는 무기와 사람의 생명을 담보로, 그들을 겁주고 협박하여 돈을 벌고 있는 것이 대부분의 사실 아니냐? 하늘을 향해 함부로 거짓말하지 말라.”

이때 판관 옆에서 처음부터 계속 같이 있던 소년이 이렇게 말했다.

“아르바이트를 하나 의사를 하나 급여가 비슷하다면 자신이 조금 잘 번다고 거만하게 행동하는 사람은 없겠네요. 아르바이트할 때 보면 그런 사람들이 적지 않습니다. 단지 돈이 좀 있다고 돈을 잘 버는 직업을 가지고 있다고 저를 무시하는 듯한 태도를 보이니까요.

그렇게만 된다면 어떤 대단한 직업을 가진 사람이라도 열심히 아르바이트하는 사람과 버는 돈이 크게 다르지 않으니 정말 자신이 좋아하는 일을 선택해서 진정으로 행복한 일을 할 수도 있겠군요. 현재 기득권을 가진 사람이 양보만 하면 완전히 다른 세상이 우리에게 주어질지도 모르겠습니다."

"그렇다. 어린 네가 많은 것을 이해했구나. 이 제도를 반대하는 사람들은 뛰어난 사람들, 그리고 이미 소득이 많은 사람이겠지. 하지만 그들도 자신이 아닌 그들의 아이들, 그리고 그 아이들의 아이들로 이어지는 세상을 생각한다면 반대할 이유가 절대 없다."

이때, 엄청난 부를 이미 가지고 있고 그 이자만으로도 대대로 삶이 보장된 대기업 사장이 불만 가득한 목소리로 이렇게 말했다.

"그럼 그것은 공산주의와 다를 게 무엇입니까? 내가 버는 돈은 다른 보통 사람들이 버는 월급의 천 배, 만 배 되는데 그 50%를 세금으로 내는 것은 세금도 천 배, 만 배 더 내는 것 아닙니까? 같은 국가의 혜택을 받으면서 그렇게 국가에 엄청난 돈을 내는 것은 자본주의를 표방하는 민주주의 국가에서는 있을 수 없는 일입니다. 아무도 돈을 벌기 위해 그렇게 열심히 일하지 않을 것입니다. 공산주의는 그 낮은 효율과 낮은 의욕으로 이미 인류에게서 사라진 실패한 제도입니다. 그것을 천상의 판관께서 왜 다시 꺼내 드시는 겁니까?"

"네가 큰 오해를 하고 있구나. 그렇게 돈을 많이 버는 네가 보통 사람들과 똑같은 혜택만을 보고 있다고 생각하느냐? 네가 파는 물건이나 재화를 구매하고 이용하고 사용료를 내는 사람들 모두를 국가가 보호하고 있다. 그러므로 네가 그들 모두에게 팔아 번 돈은 판매한 만큼 비례해서 국가로부터 혜택을 받은 것이다. 여기서 국가로부터의 혜택이란 결국, 국가도 그 구매자들의 세금으로 운영되는 것이므로 너는 결국 그 국가에 세금을 내는 모든 구매자로부터 혜택을 받은 셈이다. 이것이 네가 50%를 세금으로 낸다고 해서 전혀 이상할 것이 없는 이유이다. 그리고 너는 공산주의가 무엇인지 알기나 하고 하는 말이냐? 공산주의는 생산에 필요한 자본, 토지, 재화 등을 공유하는 것이다. 네가 가진 자본, 토지, 재화를 공유하자는 것이 아니니 쓸데없는 주장은 다시 하지 말거라."

"하지만 기업을 경영하는 사람도 법이 정한 세금을 충실히 내면서 사업을 하고 있습니다. 그 법인세는 일반인은 엄두도 못 낼 큰 액수입니다. 그러니 기업 활동에 의한 수익은 정당한 활동입니다."

"그 법인세의 세율이 정당하다고 누가 말했느냐? 너희들이 정치인들과 결탁해서 너희들 편의대로 정한 세율이 아니더냐. 법인세율이 이익의 50% 이상이냐? 그렇지도 않지 않느냐. 자기들끼리 결탁해서 정한 세금을 정당하다고 말하는 파렴치한들을 하늘의 판관인 내가 용납하지 못하겠다."

"그런데 왜 지금까지는 조용히 계시다가 갑자기 이렇게 부자들을 못살게 구십니까? 도대체 무슨 이유입니까?"

"내가 못살게 구는 것 같으냐? 너희들이 너희보다 가난한 자들을 못살게 군 것은 생각하지 않느냐? 너희들이 가난한 자들 앞에서 고개를 빳빳이 들고 거들먹거리며 사는 모습을 내가 더 이상 참다 참다 못해 내려온 것이다. 하늘에서 보니 좀 전에도 말했지만 별것 아닌 것들이 무엇이나 된 것처럼 거들먹거리는 모습을 이제 볼 수가 없구나."

이때 다시 중소기업을 운영하는 사장이라는 사람이 앞으로 나서 이렇게 말했다.

"판관께서는 너무 가난한 사람들 말만 들으시는 것 아닙니까? 그들이 가난한 데에는 그들의 책임이 더 큽니다. 다른 사람보다 공부할 때 덜 공부하고 놀기만 했고 다른 사람이 죽어라 일할 때, 쉬엄쉬엄 놀기만 하다가 지금 살기 어려워지니 열심히 공부하고 일한 사람들 몫을 달라고 하니 오히려 가난한 자들이 도둑이나 강도와 같은 짓을 하는 것은 아닌지 잘 살피어야 하는 것 아닙니까? 저는 지금의 기업을 이루기 위해 제 인생을 바쳐 겨우 이룩해 놓았는데 지금까지 놀면서 지내던 게으른 사람들에게 그대로 대부분을 빼앗겨야 한단 말입니까?"

"너는 말을 참 못 알아듣는구나. 천상에서 너의 모든 것을 빼앗는다더냐? 네 수익의 반만 국가에서 관리하여 공평하게 너를 포함한 사람들과 나눈다는 것이다. 너 또한 그것을 받을 것이고 네 아이도 받을 것이며 혹시 네가 사업이 잘 안 되어 적자를 보게 되더라도 네가 살 수 있는 기본적인 돈을 국가에서 줄 것이니, 특히 큰 기업도 아닌, 언제 이익이 급감할지 알 수 없는 중소기업을 운영하는 자들은 오히려 이 판결을 환영해야 할 것 아니냐! 당장 눈앞의 손해만 자꾸 생각하고 삶의 오랜 기간을 종합적으로 생각하지 못하는구나. 더 잘 생각해 보거라."

잠시 후 판관은 천신에게 올릴 판결문을 작성하여 방에 붙였고 사람들은 이 판결문을 보기 위해 몰려들었다.

「직업 서열화 문제」 에 대한
판결문

직업 서열화에 따른 여러 문제점을 해결하기 위해 아래와 같이 판결한다. 국가는 이를 2년 안에 시행하고 모든 관련 법령을 개정할 것을 명한다.

1. 국가는 모든 소득의 50%를 평등을 위한 세금(평등세)으로 징수하여 모든 국민에게 균등히 배분할 수 있도록 관련 제도를 개편한다. (국민연금, 건강보험, 고용보험, 공무원연금. 군인연금, 교육연금 기초연금, 장애연금 등 모두 폐지)

2. 공무원, 자영업자, 직장인, 프리랜서 등 소득이 있는 모든 사람은 자신의 소득의 50%를 국민 분배를 위해 납부한다.

3. 모든 평등세 납부액은 모든 국민에게 균등하게 배분한다.

4. 현재의 소득세는 현행대로 유지하되 소득 평등세 50%를 납부한 뒤 나머지 50% 소득 금액에 대하여만 소득세를 부과한다.

천상의 판관

이때 대기업 최고 고위 임원 한 사람이 이렇게 말했다.

"이 판결대로라면 저 같은 10억 소득의 사람은 소득의 50%인 5억을 평등세로 내고 또 나머지 소득에 대하여 또 소득세를 내면 소득이 거의 3분의 1로 줄어드는 것 아닙니까? 상류층이 되기 위해 평생 열심히 노력한 결과를 그렇게 수포로 만들다니 정말 너무 하시는군요. 제발 생각을 바꿔 주시기 바랍니다."

"상류층이라 했느냐? 네 그 생각부터가 되 먹지 못했구나. 그리고 상류층이 돈으로 되는 것이라고 생각하느냐? 참 어처구니가 없다. 어릴 때부터 교육을 다시 시작해야겠구나."

이때 국민연금을 담당하는 공무원이라는 자가 판결을 반대하며 이렇게 말했다.

"그건 안 될 말입니다. 그럼, 국가 전체 국민연금, 건강보험, 고용보험, 군인연금, 공무원연금, 교육자연금, 기초연금, 장애연금 등을 담당하던 모든 공무원은 갑자기 무슨 일을 하라는 겁니까? 아무런 할 일이 없는 것 아닙니까?"

"왜 하는 일이 없겠느냐? 일이 아주 단순, 간소화되어서 지금처럼 많은 공무원은 필요 없겠지. 하는 일이 없으면 일을 그만두어야지."

"무슨 말씀이십니까? 그들은 국가공무원입니다. 정년이 보장되어 있습니다."

"국가공무원법을 바꿔야지. 일반 민간 기업들은 사업이 잘 안 되 망하면 당연히 정리 해고되는데 국가공무원이라고 정년을 보장하는 것이 말이 되느냐? 그것도 천신께 올려 국가공무원법을 개정토록 지시하겠다."

"그게 무슨 말씀이십니까? 국가공무원을 해고하다니요? 그럼 공무원이 되기 위해 그렇게 노력한 사람들의 억울함은 어떻게 하시렵니까?"

"아직도 이해를 못 하는 구나. 일시적 억울함은 있겠지만 너희 아이들 세대부터는 완전히 다른 세상이 되어 있을 것이다. 그리고 빠르면 그 효과는 10년 안에 나타나 너희들 모두가 사람다운 삶을 살 게 될 것이다."

이 말을 듣고 있던 대학교수로 정년퇴직한 사람이 분통을 터트리면서 이렇게 말했다.

"공무원연금, 교육자연금, 군인연금 등을 타던 사람들의 불만은 어떻게 하시렵니까? 노후를 보장 받고 있는 사람들이 갑자기 그 액수가 엄청나게 줄어들 텐데요."

"연금 수령액이 줄어들긴 하겠지. 하지만 가슴에 손을 얹고 생각해 보거라. 공무원, 교육자, 군인 연금을 받는 너희들이 다른 민간기업에서 열심히 일했던 자들보다 더 열심히 일했느냐? 자영업을 하면서 새벽부터 늦게까지 힘들게 살아온 자들보다 더 열심히 살았다고 자신 있게 말할 수 있느냐? 옛날 대학교수로 있던 너는 교수로 있을 때 평일 낮에도 바둑이나 두고 놀러만 다니지 않았느냐? 그 당시 대부분의 교수는 그렇게 편하게 지내지 않았느냐? 무슨 불만이 있다고 하는지 하늘에서 모든 것을 내려다보고 있던 나는 도대체 알 수가 없구나."

불만을 가지고 모인 사람들은 어쩔 수 없이 천상의 판결을 받아들였고 판관은 그대로 천신에게 보고하여 재가 되었다.

부조리한 억압에 대항하기 위한 냉철한 투쟁은
내가 약자라면 강하게 만들고
강자라면 고귀하게 만들 것이다.
행복의 조건이다.

4. 우리 시대는 술과 정신 질환 문제에 대한 대처를 잘하고 있는가

이번 불만은 술을 먹고 술주정하는 사람들에 대해 호소를 하는 내용이었다. 그 피해를 본 어떤 사람이 이렇게 말했다.

"나라가 이상합니다. 술을 먹고 주정을 하고 다른 사람에게 피해를 주어도 술을 먹었다는 이유로 너그러이 봐 달라는 사람들이 많고 술을 먹고 취하는 것을 너무 당연시하고 있습니다."

판관은 이렇게 말했다.

"그래, 술이야 먹을 수 있지만, 술에 취하도록 먹는 것은 어리석은 일이지. 어떤 일이 있었는데 그러느냐?"

"제 아이가 술에 취한 사람에게 폭행을 당했는데 재판 결과 술에 취했으니 심신 미약으로 처벌할 수 없다고 합니다. 술에 취해 사물의 선악을 판단하기 어려운 상태였기 때문에 그 사람을 처벌할 수 없다고 합니다. 벌어진 죄와 결과는 동일한데 술을 먹었다고 불처벌을 인정해야 한다는 말입니까? 제 아이의 고통을 생각하면 도저히 그 판결을 받아들일 수 없습니다."

"뭐라고? 범죄를 저질렀는데 술에 취했다고 그 죄를 묻지 않는다고 했느냐? 무슨 말도 안 되는 소리를 하느냐. 그럼 범죄를 저지르려 하는 사람은 누구든지 먼저 술을 먹겠구나. 네가 무언가 잘못 안 것은 아니냐?"

"제 자식의 문제입니다. 제가 그것을 잘못 알 리는 없습니다. 제 아이의 경우뿐 아니라 많은 사건에서 술에 취해서 한 행위를 사람이 아닌 술의 탓으로 돌려 죄를 감해 주고 있습니다. 정말 술의 탓인지 술을 핑계로 교묘히 벗어나려고 하는지 저로서는 알 수 없습니다."

"알겠다. 내가 직접 조사해 보겠다. 사자는 저 사람 자식의 판결에 관여한 사람들을 모두 불러오너라."

사자는 즉시 그 사건과 관련된 피해자, 가해자, 경찰관, 검사, 변호사, 판사 등 관련된 사람을 모두 판관에게 데리고 왔다. 먼저, 고발자의 아들, 피해자에게 자세한 사정을 물었고 그는 이렇게 말했다.

"학교에서 공부하다 좀 늦게 집으로 가는 길이었습니다. 지나가는 사람과 살짝 스쳤고 저는 미안하다는 말과 함께 지나가려고 했습니다. 그 사람은 저를 불러 세워 사과를 하라고 해서 다시 한번 사과를 했는데 갑자기 저에게 주먹을 휘둘렀습니다. 지나가는 행인이 이 광경을 보고 경찰서에 신고했고 제가 말씀 드린 내용은 경찰과 함께 확인한 녹화 영상에도 그대로 기록되어 있습니다. 폭행으로 제 갈비뼈와 코뼈가 부러졌고 대입 수능 시험도 보지 못해 제 인생에 막대한 피해를 보았습니다."

"그렇구나. 그 정도면 엄히 다스려야 할 중범죄구나. 판결이 어떻게 나왔느냐?"

"벌금형 외에 그 폭행자는 아무런 처벌도 받지 않았습니다."

"조금 이상하구나. 사람을 폭행해 뼈를 부러뜨렸는데 그 정도의 처벌이 말이 되느냐? 무슨 사정이 있겠지. 그 판결을 한 판사는 어떻게 그런 판결을 했는지 이유를 말해 보거라."

"제가 그 사건을 담당했던 판사입니다. 피고, 폭행자는 나이 어린 학생을 폭행하여 육체적, 정신적 피해를 준 점은 충분히 징역형의 엄한 벌을 받아 마땅하나, 피고인은 친구들과 술을 마시고 만취한 상태였으며 그가 폭행을 가했다는 사실조차 정확히 인지하지 못하고 있습니다. 그가 한 행위는 그의 의지에 의해서가 아니라 미약한 심신 상태에 의해 발생한 행위이므로 크게 벌할 수는 없다는 것이 판결의 요지입니다."

"그럼, 피해자는 있는데 가해자는 없다는 말이냐? 그럼, 가해자가 술이냐? 술 제조 회사에서 모든 책임을 지는 것이냐?"

"그건 아닙니다."

"그렇다면 국가가 그 책임을 져 주겠지?"

"국가는 상관하지 않습니다."

"그러면, 피해자는 누구에게 호소한단 말이냐? 기이한 곳이구나. 어떻게 심신 미약이 본인의 책임이 아니라는 판결을 내린단 말이냐? 그럼 정신병 증상을 가진 조현병 환자도 처벌이 가벼워지는가?"

"그렇습니다."

"국가가 사람들을 잠재적 술주정뱅이에 잠재적 정신병자를 만드는구나. 이와 같은 판결을 하는 논리적, 철학적 근거를 댈 사람 있느냐? 조현병 환자도 동일하거나 더 엄격하게 다루어야 정신 이상적 증상자도 더욱 주의할 것이고 주변 보호자 또는 보호 기관도 더욱 긴장하여 정신병 환자의 범죄에 관해 관심을 가질 것이 아니냐. 이를 그대로 내버려 두면 언제 어디서 어떤 봉변을 당할지 모르는 불안한 사회가 되는 것이다. 재력 있는 자들이나 지위가 높은 자들은 이들로부터 쉽게 보호되기 때문에 오히려 자신의 특권을 드러내기 위해, 그리고 보통 사람들을 살기 어렵게 만들어 자신의 지위에 대한 특권을 느끼기 위해 의도된 판결이 아닌가 하는 의심이 든다. 술 취한 자들에 대한 경미한 판결에 대해서도 그렇다. 재력이 있거나 지위가 있는 자들은 자신의 신변을 보호할 수 있기 때문에 술 취한 자들로부터 피해를 받는 일이 거의 없고 오히려 자신이 술에 취해 사람들에게 피해를 줄 일이 훨씬 많기 때문에 이에 대비해서 술 취한 사람들에 의한 범죄를 의도적으로 형량을 낮추어, 자신의 범죄에 대한 경미한 판결을 받기 위해 미리 대비를 하는 것 아니냐. 지상의 판사들은 모두 그들 편이냐? 지상의 삶은 형편 없이 돌아가고 있구나. 도대체 술은 왜 먹는단 말인가?"

이때 술을 좋아하는 대학에서 일하는 한 지성인이 이에 대해 이렇게 말했다.

"판관께서는 술에 대해 잘 모르시는 것 같습니다. 술은 다섯 가지 좋은 점이 있습니다. 첫째, 술은 사람들 사이에서 그것을 매개로 같은 분위기, 같은 감정을 만들어 서로 동질감을 가질 수 있도록 해 줍니다. 둘째, 술은 힘들고 슬픈 현실을 잊게 해주어 삶의 스트레스를 풀어주고 활력을 줍니다. 셋째, 술은 깨어 있는 상태에서는 도저히 할 수 없는 행동과 말을 할 수 있게 용기를 주어 사람들 사이의 마음속에 숨겨진 갈등을 풀어주고 서로 더욱 가까워지게 해주는 역할을 하는데 이는 취중에 하는 말과 행동을 통해 상대의 진심을 알 수 있기 때문입니다. 넷째, 술은 부끄러움을 잊게 하여 고상한 척하는 사람, 숭고한 척하는 사람들의 도덕심을 마취시키며 이로써 조금은 타락할 수밖에 없는 우리 일반 대중에게 모든 사람이 똑같고 다르지 않다는 안도감을 줍니다. 이 안도감은 대단히 중요해서 이를 거부하는 사람들은 우리 사회의 일원으로 받아들이지 않도록 서로 알게 모르게 강요하고 또 강요받고 있습니다. 이 술 문화를 따르지 않으면 사회성, 수용성, 공감 능력, 지도력이 부족하다고 보면 됩니다. 다섯째, 술은 마취한 듯 하늘에 떠 있는 듯 즐거움을 줍니다. 이는 술을 포기하지 못할 충분한 이유가 됩니다."

이 노학자는 자신이 생각하는 술의 이점과 필요성을 자랑스럽게 이야기하면서 판관도 이에 동의할 것으로 은근히 확신하는 듯한 눈치였다. 그러나 판관의 대답은 전혀 달랐다.

"지금 무어라고 했느냐? 내 귀가 들은 것이 사실인지 의심스럽다. 제정신이 아니구나. 결국, 술을 마약처럼 사용하여 자신의 이성을 넘어 자신을 제어하지 못하도록 하는 매개로 사용하겠다는 말이 아니냐. 예부터 진짜 지성인들은 술을 그대로 먹지 않고 물을 타 먹었다. 분위기 때문에 먹기는 하겠지만 취하지 않기 위해서이다. 네가 대학에서 학생들을 가르치는 선생이란 말이냐? 선생은 죽을 때까지 단 한 순간도 정신을 놓아선 안 된다. 제자를 그리고 사람을 가르치겠다는 사람이 술을 찬양하고 술에 취하는 것을 부끄럽지 않게 생각하다니 정말 어처구니가 없구나. 자, 어리석은 자의 술에 대한 찬사는 들을 필요 없고 다시 지상 판사의 판결로 돌아가 변호사 이야기를 좀 들어보자. 도대체 술을 먹었다고 죄를 가볍게 하려고 변호를 하는 이유가 무엇이냐? 그리고 무슨 근거를 들어 죄가 가볍다고 주장하려 하느냐?"

이에 변호사는 이렇게 말했다.

"판관님, 들어보십시오. 두 친구가 즐겁게 술을 마시다가 크게 취해 버려 취중에 자신이 무슨 일을 한 줄도 모르고 친구를 밀어 넘어뜨려 크게 다치게 했다고 할 경우입니다. 그 결과는 사람을 크게 다치게 했으니 분명히 좋지 않은 결과는 있지만, 그 의도에 있어 악한 감정이나 범죄의 의도는 전혀 없을 수 있습니다. 이때 우리는 술에 취한 가해자를 처벌한다면 오히려 선한 공동체를 만들려는 법감정에 위배될 것입니다. 그렇게 범죄에 대한 의도가 전혀 없는 행위에 대하여 죄를 경감해 주는 것은 자연법적 관점에서도 문제가 없다고 생각합니다. 그러므로 결과는 좋지 않지만, 술 취한 범죄 행위에서 자의적 의도가 있었는지, 없었는지에 대한 변호는 필요하다고 생각합니다. 그리고 많은 경우, 이미 이를 인정받기도 했습니다."

"기가 막히는구나. 지상 사람들의 생각을 도대체 무엇이 이렇게 비정상적으로 만들어놓았단 말이냐. 자신의 행위는 그것이 어떠한 경우에 있어서도, 즉, 화가 나 있던지, 술을 먹었던지, 정신병을 앓던지, 우울증을 앓던지, 그것이 무슨 상관이냐. 자기 일에 책임을 지도록 천상의 신이 명령했거늘 너희들이 무엇을 안다고 그것을 함부로 바꾸느냐? 화가 얼마나 나 있는지, 정말 어느 정도 취해 있는지, 정신병은 어느 정도인지, 우울증은 그 정도가 어떤지 너희가 그들 당사자의 정신 상태를 어떻게 알 수가 있다고 그것을 판단하려 하느냐? 잘 모른다면 예외 없이 모든 경우에 동일하게 적용하는 것만이 정의로운 것이다. 그렇지 않으면 그 틈을 비집고 불의와 거짓이 이익과 결탁하여 사람을 병들게 하는 법이다. 이것을 고려하여 천신께서 모든 경우 동일하게 판결하라고 명하였거늘 정신이 다 나갔구나. 이것은 술을 파는 회사들이 국가와 결탁하여 술을 더 팔기 위한 더러운 결탁이 있을 수 있고, 힘 있는 자들이 술을 통한 자신의 즐거움을 보호받기 위한 어두운 거래가 있을 수 있으며, 사회적 약자들을 불안에 떨게 하여 자신의 힘에 의존하게 하려는 악랄한 음모가 숨어 있을 수 있다. 이를 고치지 않으면 힘없는 약자들은 술 취한 강자들의 먹잇감으로 전락할 것이다. 하늘의 판관으로 이는 반드시 고쳐 놓을 것이다. 이번에는 그 재판의 검사가 의견을 말해 보거라. 설마 검사도 술 취한 자의 범죄에 경미한 처벌을 구형하는 것은 아니겠지."

담당 검사는 난처한 표정을 지으며 자신의 의견을 말했다. 그 또한 술에 대해서는 경미한 처벌이 필요하다고 생각하고 있는 것 같았다.

"술은 강자들만 마시는 것이 아닙니다. 사실, 부자들이나 지위가 있는 자들은 술이 아니더라도 다른 즐거운 일을 찾을 수 있지만, 가난하고 약한 자들은 그들이 할 수 있는 어쩌면 유일한 즐거움이 술을 마시고 취하는 것이며 이에 따라 범죄의 상당 부분도 힘없고 약한 자들에 의해 저질러지고 있습니다. 그러므로 술에 취해 저지르는 범죄에 대해 경미하게 처리하는 것은 힘없는 약자들을 위해 더욱 필요한 일인지도 모릅니다. 판관께서 무조건 술에 대해 부정적으로 말씀하시는 것은 힘없는 자들의 유일한 위안거리를 없애려 하는 것입니다. 판결에 고려해 주시기 바랍니다."

"참, 조금 공부했다는 자가 하는 말이 힘없는 약자가 할 수 있는 즐거움이 술밖에 없다고 하는 것이냐? 그것이 바로 딱 네 정신 수준이구나. 즐거움을 술에서 찾는 것은 천상에서는 악마들이나 하는 짓이다. 그것을 너희들이 잘못 배워 지상에서 쓰려 하는구나. 즐거움에는 고귀한 일을 하는 즐거움, 숭고한 일을 하는 즐거움, 멋진 일을 하는 즐거움, 남을 위해 살아가는 즐거움, 산속에서 천천히 거니는 즐거움, 작은 동네 길을 걷는 즐거움, 마을 작은 공원을 산책하는 즐거움, 아이들과 함께 웃는 즐거움, 파란 하늘을 보는 즐거움, 친구들과 이야기를 나누는 즐거움, 열심히 일하는 즐거움, 어려운 일을 해결해 가는 즐거움, 아침에 일어나는 즐거움, 살아 숨 쉬는 즐거움, 즐거움을 느끼는 즐거움, 소박하고 담백한 식사를 하는 즐거움, 배가 고파 식사를 준비하는 즐거움, 친구를 기다리는 즐거움, 우리 일상은 모두 즐거움이다. 도대체 다른 즐거움이 없어 술을 먹어야 즐겁다는 자들은 인생을 그렇게 모른단 말이냐. 검사라는 자가 술에 대해 그런 생각을 하고 있으니 제대로 처벌이 될 리가 없겠구나. 어떻게 하다 술을 먹고 취하는 것에 대해 관대하게 되었는지 몰라도 이번에 그것을 바로 잡아야겠다. 우선, 판결하겠다."

잠시 후 천신께 올릴 판결문을 보고 평소 술을 즐기는 사람들의 불만이 터져 나왔다. 어떤 국회의원 한 친구가 판관에게 따지듯이 이렇게 말했다.

"판관님, 이는 술을 먹지 말라는 말 아닙니까? 술은 취하기 위해서 먹는 것이고 취하다 보면 자신이 어느 정도 취했는지 모르고 먹게 되어 있는데 취하기만 하면 벌금, 그것도 연봉의 50%를 벌금으로 부과한다는 것은 금주령과 다를 바 없지 않습니까? 인간의 역사와 술은 항상 같이해 왔습니다. 기쁜 일을 축하해 주고 슬픈 일을 위로해 주며 사람과 대소사를 함께 해 온 술을 그렇게 악의 기원처럼 취급하시는 것은 무언가 잘못 생각하신 것 아닌가 합니다."

「술에 취한 사람들, 정신 질환에 걸린 사람들 문제」에 대한
판결문

술에 취하거나 정신 질환에 의해 일어나는 여러 문제점을 해결하기 위해 아래와 같이 판결한다. 국가는 이를 6개월 안에 즉시 시행하고 모든 관계 법령을 개정할 것을 명한다. 정신병에 대한 국가 지원책도 같이 검토한다.

1. 술을 취하도록 먹는 자에 대하여 음주 단속을 하고 기준치를 넘으면 자기 1년 소득의 50%를 벌금으로 납부한다.

2. 술에 취해 타인에게 행패를 부리거나 소란을 떨면 최소 10년 형에 처한다. 술에 취한 행한 범죄의 형량은 술 취하지 않은 사람의 형량보다 두 배를 과한다. 이에 어떤 예외도 없다.

3. 술을 억지로 권한 자는 모든 직무를 정지시키고 자신의 1년 소득의 50%를 벌금으로 예외 없이 납부한다.

4. 정신 질환에 의한 소란과 범죄도 술에 취한 자의 범죄에 준해 더욱 엄격히 처벌하며 어떤 예외 조항도 두지 않는다,

천상의 판관

"참으로 지상에서 배웠다고 하는 자들은 답답하기 그지없구나. 내가 언제 술을 먹지 말라고 했느냐. 술을 먹고 만취하여 이성을 잃고 타인에게 피해를 주는 것에 대해서만 벌을 주겠다는 말 아니냐. 그것이 무슨 문제이냐. 취하기 전까지 즐겁게 마시면 될 것 아니냐. 옛 그리스인들이 했던 것처럼 술에 엄청난 물을 타 먹으면 취하지 않을 것 아니냐. 너희들이 취하고 싶은 것은 맨정신에 못 했던 것들을 술의 힘을 빌어 하고자 함일 터인데, 이는 자신 내면에 있는 비이성적이고 악한 욕망을 술 핑계로 하려고 하는 것 아니냐. 지금 천상의 판관이 자신의 악한 욕망을 해소할 좋은 변명거리를 없애려 하니 반대하는 것 아니냐. 솔직히 말해 보아라."

"사실, 그렇습니다. 하지만 그렇게라도 하지 않으면 열심히 노력하고 성공하여, 돈도 있고 힘도 있는데 아무런 좋은 점이 없는 것 아닙니까? 성공한 자들이 그 정도의 특권을 갖는 것이 무엇이 잘못입니까? 그리고 그런 특권이 없다면 사람들이 성공하려 할 이유가 없지 않습니까?"

"드디어 네 본성이 드러나는구나. 너 같은 국회의원 때문이라도 이 술에 관한 판결은 내가 반드시 천신께 관철해야겠다. 다른 의견은 없느냐?"

이때 자신을 먹고살기 위해 물건을 팔아야 하는 영업사원이라 하면서 술에 관한 판결에 대해 이렇게 말했다.

"저는 조금 큰 회사에서 일하는 평범한 영업사원입니다. 회사 생활을 하다 보면 술 마시기를 원하는 상사나 부하 사원들이 있고 원만한 조직 생활을 위해서는 할 수 없이 술을 마시게 되고 또 때에 따라 취하지 않을 수 없습니다. 거기에 영업하다 보면 거래처 사람들에게 술을 접대해야 하는 경우가 많은데 그때마다 취하지 않을 정도로만 술을 마시는 것은 불가능에 가깝습니다. 고객들이 서로 술에 취해 이런저런 일을 같이하기를 바라기 때문입니다. 그것을 맞추어 주지 못하면 거래 실적이 떨어지고 회사에서 버티지 못하게 될지 모릅니다. 저에게 있어서 술과 그에 취함은 생계를 위한 업무의 일부분인데 어떻게 술에 절대 취하지 않을 수 있겠습니까?"

"그래, 네 말은 일을 위해 어쩔 수 없이 술을 먹고 또 취할 수밖에 없으니 이해해 달라는 말이구나. 그렇다면 이제부터 그건 걱정하지 않아도 된다. 판결 내용이 시행되면 그 누구도 그렇게 술을 먹자는 사람들이 아무도 없을 테니 말이다. 그리고 직장인들이 너처럼 말하고 불평하는 사람들이 있다만 내가 마음속을 뚫어 보니 사실은 그것은 핑계이고 자기 스스로 술을 먹고 싶어 하는 자들이 대부분이었다. 고객 핑계, 회사 상사 핑계, 회사 부하와의 조직 관리 핑계를 대고 스스로 즐기는 것이었다. 지금 반대하는 것도 자신의 즐거움이 사라지는 것에 대해 불만을 토로하는 것 아니냐? 나는 천상의 판관이기 때문에 네 마음속을 모두 다 알고 있으니 더 이상 다른 핑계를 댈 필요 없다. 전부들 자신의 욕망 해소를 위한 술 핑계가 방해되고 억압될까 걱정들이구나. 지상의 철학자, 교육자들은 수 천 년 동안 무엇을 했는지 모르겠다. 사람들이 욕망을 술로써 푸는 방법밖에는 아는 게 없으니 말이다. 이제부터는 마음을 다시 먹고 살아가기 바란다. 이것 말고 다른 의견은 없느냐?"

이때 처음 판결부터 계속 같이 있었던 어린 소년이 천천히 그리고 차분히 이렇게 말했다.

"술은 즐거운 일과 슬픈 일과 같이한다고 했는데, 오히려 두 경우 모두 좋지 않은 결과를 일으킵니다. 즐거움은 반감시키고 슬픔은 더욱 크게 만드는 것이죠. 거기에 술에 취해 무슨 실수라도 하게 되면 즐거움은 불행으로 둔갑하고 슬픔은 절망의 나락으로 떨어집니다. 술을 만들어 파는 회사의 상술에 의해 오랫동안 기만당해 온 사람들이 이제 술의 정체를 바로 알기를 바랍니다. 술은 옛날 부정한 권력자들이 사람들의 약점을 잡기 위해 술을 먹여 그들의 치명적 실수를 유도하고 그것을 약점으로 잡아 그들을 조정하는 수단으로 사용했던 사악한 독물입니다. 이 사악한 물이 수천 년 동안 사라지지 않았다는 것을 보면 악마, 벨페고르와 아스모테우스가 인간을 내버려 두지 않았나 봅니다."

이때 정신 질환을 알고 있는 한 사람이 불만스러운 표정으로 천상의 판관에게 이렇게 말했다,

"저는 단지 병을 앓고 있을 뿐입니다. 내가 무슨 일을 하고 있는지도 모르는데 그것이 범죄 행위라고 처벌한다는 것은 병자의 인권을 고려하지 않는 처사입니다. 사람들도 이를 알고 저희를 고려해 주는데, 어찌 천상의 판관께서 고려하지 않는단 말입니까?"

"너 또한 하나만 알고 둘은 모르는구나. 정신 질환 환자들은 자신의 증상으로 다른 사람에게 해를 입히는 범죄를 저지를 때, 대부분의 경우 자신보다 약한 자를 그 대상으로 한다. 그 이유는 정신적 이상 상태에서도 인간은 본능적으로 자신에게 더 큰 해가 돌아올 수 있는지 없는지를 판단해 행동하기 때문이다. 그러므로 정신병 발현에 의한 범죄 행위가 오히려 더욱더 그들에게 해가 된다는 것을 각

인시킬 필요가 있다. 왜냐하면 이를 통해 마치 자신보다 위협적인 사람에게 정신병적 증상과 범죄 행위를 저지르지 않는 것과 같은 효과로 범죄를 방지하는 효과를 주기 때문이다. 이처럼 정신 질환을 가진 자가 사회생활에서 범죄를 저지르지 않는다는 것이 계속 검증된다면 그들은 사회에서 크게 격리되지 않고 정신 질환을 극복할 기회를 더욱 많이 가지게 될 것이다. 그들을 고려한다고 범죄에 대한 처벌을 면해준다면 범죄를 저지르는 것을 자신의 특권처럼 여기게 되고 이는 그들을 우리 사회에서 공간적 뿐만 아니라 정신적으로도 격리하는 일이 될 것이다. 이것이 정신 질환자의 범죄에 대해 절대로 죄를 경감하거나 면해주어서는 안 되는 이유이다."

결국 사람들은 판관의 판결을 따를 수 밖에 없었고 천신은 판관의 판결의 집행을 승인했다. 조금 후, 이번에는 어떤 장년 부부가 판관에게 다가가 자신의 억울함을 호소했다.

생각은 나를 만드는 나무를 준비하는 것이고
행위는 나를 조각하는 것이다.
조각되기 전에는 무엇인지 알 수 없다.

5. 우리 시대는 부동산 등 불로소득을 잘 징계하고 있는가

그래, 너희는 무슨 불만으로 여기에 왔느냐? 무엇이 문제인지 자세히 말해 보거라.

"나라가 불공평합니다. 저는 젊었을 때부터 열심히 일했지만 집 한 채 갖지 못하고 전세로 살고 있는데 어떤 사람들은 어쩌다 집을 가지고 있어 그 집이 제가 평생 모은 돈보다도 더 많은 돈을 벌게 해 줍니다. 아무런 일도 하지 않고 그냥 집이 제 평생의 수고보다 더 많은 돈을 벌게 해주니 이것은 무언가 공평하지도 정의롭지도 않은 것 같아, 자신의 삶과 국가에 분노를 느낍니다. 이를 어떻게 해결해 주시기를 바라는 마음에서 이렇게 여기까지 오게 됐습니다."

"그건 또 무슨 말이냐? 가만히 가지고만 있는 집이 네가 평생 모은 돈보다 더 많이 벌게 해 준다고? 그럴 리가 있겠느냐? 사람들과 국가가 바보가 아닌 이상, 그런 일을 내버려 두겠느냐?"

"사람의 마음은 꿰뚫어 보시지만 지상의 제도에 대해서는 잘 모르시는 것 같습니다. 지상에는 개인 재산권이란 것이 있어 자신의 재산을 자신이 소유하고 상속하고 합니다. 개인 재산의 소유를 제가 불만을 가지는 것이 아닙니다. 일정 금액을 주고 샀으면 일정 국가 금리 정도의 재산 상승은 충분히 이해가 갑니다. 예를 들면 5억짜리 집을 5년 소유했을 때 대략적으로 10% 정도 상승한다면 누구나 그것을 인정할 것입니다. 그런데 지금 지상에서는 10%의 스무 배, 200%가 오릅니다. 5억짜리 집이 10억이 되는 것이지요. 이것은 돈 있는 사람이 집을 사 놓으면 매년 1억씩 돈을 버는 것과 같습니다.

이는 보통 사람 평균 임금의 3배 이상의 소득이 됩니다. 이런 부조리를 이해 당사자는 물론 국가도 묵시하고 있습니다. 자유 민주주의, 자본주의란 이름으로 부조리를 용인하고 있는 것입니다."

"그래도 이 문제는 그렇게 어려울 것 같지는 않구나. 당연히 값이 오른 집을 팔 때, 금리 이상의 초과 소득을 국가에서 환수하면 될 것 아니냐?"

"그게 그렇게 간단치가 않습니다. 집을 가진 사람의 수도 적지 않아 그들의 반대도 만만치 않고 법을 만드는 국회의원도 이미 집을 가지고 있어 자신의 재산이 국가에 귀속되는 것을 이 핑계, 저 핑계 대면서 피하고 있기 때문입니다."

"참, 인간은 답답한 족속이구나. 바로 옆에서 불로소득을 얻고 있는데 그것에 저항하지 않고 참고만 있다는 말이냐. 정말 착해서 그런지, 어리석어서 그런지 잘 모르겠구나. 당연히 그런 정책을 펴는 정부는 전복시키고 새로운 정부를 세워야 하지 않겠느냐?"

"새로운 정부를 세우는 방법은 현재로서는 새로운 정당과 대통령을 뽑는 것인데 그 어느 정당의 국회의원이나 대통령 후보도 그런 정책을 내놓지 못하고 있습니다. 그 이유는 자유 민주주의 국가, 자본주의 국가가 가지는 사유 재산 존중 전통 때문입니다."

"또 자본주의 타령, 민주주의 타령이구나. 자본주의, 민주주의가 지상에서 유행한 지 벌써 100년이 넘었는데 그것을 벗어날 만한 새로운 철학을 만들지 못했단 말이냐. 지상의 철학자들이 모두 게으르고 나태해졌나 보구나. 자, 사자는 지금 지상에서 철학을 하는 사람, 몇 사람을 당장 데리고 오너라."

사자들은 즉시 현재 지상에서 가장 저명한 철학자 두 명을 데리고 왔고 천상의 판관이 어떤 이야기를 듣고 싶어 하는지를 데리고 오는 길에 설명해 주었다, 그중 한 명의 철학자가 이렇게 말했다.

"판관께 말씀드립니다. 국가가 개인이 가진 불로소득 재산을 세금으로 환수하지 못하는 이유는 크게 두 가지 이유가 있습니다. 우선, 노동의 경계가 불분명해서 그것이 과연 불로소득인지를 정확히 알 수 없다는 것, 그리고 불법이 아닌 한 사람들이 가진 모든 재산은 자본주의에 의해, 민주주의에 의해 보호되어야 한다는 것입니다. 판관께서는 자본주의와 민주주의를 100년 넘은 낡은 것이라고 하시는데 저는 반대로 100년밖에 안 된 지금 한창 꽃피고 있는 사상이라고 생각합니다. 주택을 구입하여 불로소득을 얻는 것도 어떤 의미에서는 정당하게 투자를 하고 그것으로 이득을 얻는 일반 경제 활동과 크게 다르지 않습니다. 만일 부동산 투자와 같은 정당한 경제 활동마저 금지된다면 지상의 부를 통한 발전은 더 이상 기대할 수 없을지도 모릅니다."

"결국, 자신의 무능함을 인정하지 않는구나. 세상은 10년마다 다른 세상이 되어 가는데 100년이 훨씬 넘은 자본주의를 지금 한창이라고 뻔뻔스럽게 이야기하는구나. 그리고 노동과 비노동의 경계가 불분명하다고 했느냐? 어리석기 그지없구나. 땀을 흘리고 돈을 벌면 노동이고 땀을 흘리지 않고 돈을 벌면 그것은 비노동이다. 자신이 땀 흘린 것만큼의 보상은 정당한 소득이고 자신의 땀 이상의 소득이 있었다면 그것은 불로소득이다."

"하지만, 자본주의에서는 자본의 투자라는 것도 있습니다. 이는 정당하게 보상받아야 합니다."

"투자라고 했느냐? 너는 투자와 투기도 구분을 못 하느냐? 투자는 자신의 이익과 동시에 일반 대중도 함께 이익을 볼 때 투자라고 하는 것이다. 주식의 경우, 자신도 이익이고 회사도 이익이고 주식에 투자한 다른 모든 이들이 이익을 볼 때 비로소 투자가 되는 것이다. 물론 현재 지상의 주식 상황은 투자라고 보기 어렵다. 부동산도 마찬가지이다. 부동산을 투자하여 산업이 발전되고 모든 사람들이 그 이익을 본다면 투자가 되지만 부동산이 올라 그것으로 다른 대중들이 피해를 본다면 그것은 명백한 투기이다. 투기와 투자를 구분도 하지 못하니 너와 같은 이상한 생각을 하게 되는 것이다."

이 말에 첫 번째 철학자는 사람들 속으로 사라졌다. 이때, 두 번째 철학자가 새로운 철학에 대해서 이렇게 말했다.

"판관님이 말씀하시는 우리 시대 새로운 철학 부재에 대한 비판은 그럴듯하고 정당합니다. 말씀하신 대로 지상의 모든 철학자는 통렬히 반성해야 한다고 저도 생각합니다. 지상의 철학자로서 할 말이 없습니다. 지금 지상은 철저히 철학이 소외되고 철학으로 먹고살기가 어려우며 철학의 의미가 철저히 축소되고 있습니다. 이는 다분히 의도된 결과라고 생각합니다. 자본을 이용해 모든 특권을 독점해가고 있는 소수의 자본가는 은밀하게 새로운 철학 사상의 태동을 짓밟고 있습니다. 철학은 그들에게 도전하는 유일한 힘이기 때문에 그 싹을 자르고 있는 것이지요. 철학을 하면 현재 지상에서는 어떤 지원도 받기 어렵습니다. 그나마 자신들에게 유리한 철학을 연구하는 자들에게만 조금 먹고살 정도의 보상을 줍니다. 고대, 중세 시대와 같이 귀족들과 부를 어느 정도 갖춘 자들의 철학은 자취를 감추었습니다. 오랜 철학에 대한 사전 음모와 자본주의에 대한 어리석은 맹신으로 현재 지상에서 정신적 귀족의 탄생은 거의 불가능에 가까워졌습니다. 사람들은 누군가 철학을 하여 인간의 삶을 인도하려 하면 '그것이 돈이 되느냐, 그 철학을 해서 돈을 벌 수 있느냐, 그 철학을 삶에 적용하면 가난해지는 것 아니냐, 철학을 하느라 거지가 될 수는 없다, 철학을 하다니 넌 참 한가하다, 철학을 하느니 노동을 해 밥을 사 먹어라'는 등 철학을 조롱하고 그 유용성에 대하여 물고 늘어지면서 철학에 치명적 칼을 휘두르고 있습니다. 지상은 이제 대부분 철학을 포기했고 극히 소수만이 그늘 속에서 그 생명을 유지하고 있는 형편입니다. 이제 철학이 지상에서 설 자리가 없습니다. 판관께서 이에 대해 꾸짖는 것은 달게 받겠으나 철학의 회복을 위한 천상의 판결을 해 주시기를 부탁드립니다."

"그렇구나. 네 말을 들으니 지상이 돈으로 모든 것을 평가하는 시대에 들어선 것 같구나. 알았다. 천신에 말씀드려 불로소득 관련 판결에 철학과 사상의 회복을 위한 대책도 함께 만들어 보겠다."

이런 말을 하고 있을 때, 불로소득을 옹호하는 자본가들이 찾아와 천상의 판관에게 자신들의 소득에 대한 정당성을 이렇게 주장했다.

"저희가 이야기를 듣고 가만히만 있을 수 없어 이렇게 찾아왔습니다. 부동산 투자를 하든 주식 투자를 하든 그것은 정당하지 못한 불로소득이 절대 아닙니다. 만일 그렇다면 모든 경제 활동을 통한 이윤이 은행 금리 이상이면 그 부분은 모두 불로소득이라는 말씀입니까? 기업들은 수백억, 수천억, 수조 원의 이익을 얻기도 하는데, 그것을 모두 불로소득이라고 하지 않듯이 우리 자본가들의 자본을 이용한 수익에 대해서 비난해서는 안 됩니다."

"누가 기업들이 수천, 수조 원의 이익에 대하여 문제가 없다고 하더냐? 기업의 이익도 3년간의 기본 운영 자금을 제외한 모든 이익은 국가에서 평등세로 환수하여 국민과 나누게 될 것이다. 과도한 이익이 난다는 것은 훨씬 낮은 금액으로 판매하여 그 기술의 성과를 모든 사람이 나누어야 하는데 그 성과를 기업이 독점하겠다는 것이다. 그 기업이 성과를 내기까지 공동체로부터 받은 교육 혜택, 문화 혜택, 치안 혜택, 안보 혜택, 복지 혜택 등 그 기업을 운영하고 기업에서 일하는 모든 사람에게 공동체가 베풀고 기여한 몫이 지대하기 때문에 어떠한 기업의 성과도 기업을 운영하기 위한 최소한의 예비비를 제외하고는 국가에서 환수해야 하고 그를 바탕으로 공동체가 또다시 새로운 발전을 계속하는 것이다. 너희들 자본가의 불로소득만 환수하려는 것이 아니니 억울해할 것 없다."

"판관님, 그게 무슨 말씀이십니까? 공산주의로 돌아가자는 것입니까?"

"또 공산주의 타령이구나. 지상의 돈 많은 자들은 자신에게 조금만 불리해지면 공산주의를 부르짖으며 반대하는데 도대체 공산주의가 무엇인지 몇 번을 말해야 되겠느냐? 지상의 학교에서 제대로 교육을 하지 않느냐? 마지막으로 한 번만 더 말하겠다. 공산주의는 생산을 위한 자본, 즉 토지, 건물, 생산 설비, 기술 등 모든 자본을 모든 사람이 공유하는 것을 말한다. 너희 지상의 현상황과는 완전히 다른 것이다. 지금은 모든 사람이 평등한 자유를 느낄 수 있는 최선의 제도를 찾는 중이다. 그것은 지금까지의 자본주의와는 달라야 하며 공산주의와도 달라야 한다. 지상의 철학이 시대 변화를 반영하여 기존 철학을 변경 발전시키지 못하니 이 문제를 해결하지 못하면 지상은 오래지 않아 지옥과 같은 고통 속에서 신음할 것이다."

이때 대학에서 학생들을 가르치는 저명한 사회학자가 사람들 사이에서 앞으로 나와 판관에게 이렇게 말했다.

"문제는 조금 전 말씀하신 부동산 등에 의한 불로소득에 대하여 금융소득 이상 부분을 국가에서 환수하는 것을 사람들이 참지 못할 것이라는 점입니다. 인간 역사 수천 년간 불로소득을 가진 자들이 그 특권을 누리면서 살아왔고 법과 제도 또한 그들을 위해 만들어져 있어, 마치 그것을 깨뜨리면 정의롭지 않은 독재자, 탄압자, 부도덕자로 받아들이도록 사람들을 세뇌해 놓았기 때문에 특권을 가지지 못한 사람조차 그것을 옳지 못한 것으로 생각하고 있는 형편입니다. 이 같은 상황을 넘어 불로소득의 특권을 없애는 것은 지상에서는 인간 스스로 할 수 없을 정도로 저항이 있을 것입니다."

"그럴듯하구나. 네 말을 들으면 불로소득의 환수는 어려울 것처럼 보이는구나. 하지만 그건 바로 너도 세뇌되었기 때문에 그런 생각을 하는 것이다. 지상의 다수 민중은 그렇게 어리석지 않다. 단지 몇 년간의 시행으로도 그 득이 실보다 훨씬 많음을 그들은 곧 알게 될 것이다. 지상의 인간들이 결정하기 어려우니 천상에서 우리가 삼천 년 만에 이렇게 내려온 것 아니냐. 또 다른 의견 없느냐? 없으면 불로소득에 대한 최종 판결을 내리겠다."

저명한 사회학자가 다시 물었다.

“잠시 기다려 주십시오. 판관님은 모든 사람의 소득이 같아지기를 원하시는 겁니까? 하지만 평등과 공평은 다른 것 아닙니까? 어렵게 노력하여 자본을 모은 사람이 그것을 이용해 얻는 소득을 자본이 없는 사람과 함께 분배하는 것은 너무 평등만 중시하고 공평을 고려하지 않는 것이므로 이는 판결에 반드시 고려해야 합니다.”

“네 말대로이다. 우리는 평등해야 하지만 공평이 무너져서도 안 된다. 하루 4시간 일한 사람과 하루 8시간 일한 사람이 같은 소득을 받는다면 그것은 공평하지 않고 정의롭지도 않은 것이다. 땀 흘려 8시간 일한 사람은 4시간 일한 사람보다 두 배 많은 소득을 받도록 하겠다. ‘땀에 비례해 소득이 있을 것이다.’ 그러나 부동산같이 자산을 이용한 불로소득은 땀을 흘리지 않는 소득이다. 이는 평등뿐만 아니라 공평마저 해치기 때문에 절대 용인해서는 안 된다. 직업 서열화에 대한 판결에도 있지만, 열심히 땀 흘리고 노력해서 얻은 소득은 그 50%를 완전히 보장한다. 땀 흘리는 자는 충분히 풍족하게 지낼 수 있을 것이다.”

판관은 판결문을 작성하기 시작했고 주위 사람들은 어떤 판결이 나올지 숨죽이고 기다렸다. 곧 천상의 신에게 보고하기 위한 판결문이 게시되었고 판결문을 보고 불만을 품은 몇 사람이 다시 판관 앞으로 나와 자기 생각을 말했다.

“저는 10년 동안 한 곳에서 선하고 평범하게 살아온 사람입니다. 10년 전 5억에 집을 사서 지금은 시세가 15억인데, 판관님의 판결대로라면 수익 10억 중 평등세, 소득세를 납부하면 제가 가질 수 있는

「불로소득 문제」에 대한
판결문

불로소득에 의해 일어나는 문제점들을 해결하기 위해 아래와 같이 판결한다. 국가는 이를 6개월 안에 즉시 시행하고 모든 관계 법령을 개정할 것을 명한다.

1. 주택, 토지, 건물 등 부동산 가격 상승에 의한 소득, 높은 이자에 의한 소득 등 땀을 흘리지 않고 얻는 자본 이용 불로소득은 은행 금리 정도의 수익을 제외하고는 국가에서 모두 환수하여 평등세의 재원으로 사용한다.

2. 국가 환수의 시점은 이익이 발생하는 시점으로 한다. 예를 들어, 주택의 경우 10년 후 양도 시는 10년 동안의 은행 금리를 복리로 가산하여 이익을 실현하며 그 이상의 양도 차익은 모두 환수한다. (은행 금리 2%의 경우 부동산 10년 소유 시, 복리 22%만 정당한 수익으로 인정함)

3. 새로운 시대의 경제 사회 인문 철학 연구를 위해 국가는 의료계 다양한 의사 양성을 위해 투자하는 금액 이상으로 인문철학 분야를 지원해야 한다.

4. 위의 결정에 불복하는 자는 해당 재산을 몰수하고 10년 이상의 징역형을 선고한다.

천상의 판관

몫은 1억 원 정도라는 말 아닙니까? 그럼 저는 9억 원의 재산을 일시에 잃는 것인데 그것을 받아들이라는 말씀입니까? 제가 가진 재산이라고는 이 집 하나인데 그럼 저희 가족의 노후는 어떻게 해결하라는 말씀이십니까?"

"그럼, 집값이 오른 너는 아무런 일도 하지 않고 10억을 벌어 노후를 풍족히 지내고 집값이 1원도 오르지 않은 지방에 집을 가진 사람은 노후를 대비 못 해도 괜찮단 말이냐? 너만 집값이 올라 혜택을 보면 그만이라는 심보구나. 그건 내가 용납할 수 없다. 그러니 네 집값 오른 부분을 공평히 나누어 가지라는 것이다. 너도 오른 집값 중 평등세로 낸 일부는 혜택이 돌아갈 터인데 무엇이 그리 억울하단 말이냐. 지방에 집을 가진 사람들은 너만큼 젊은 시절 일하지 않았다고 생각하느냐? 너와 전혀 다르지 않게 그들도 일했다. 오히려 여러 가지 문화 혜택도 보지 못한 채 지방에서 보냈으니 억울한 것은 네가 아니라 집값이 오르지 않은 지방에서 살고 있는 사람들이다."

"하지만 그건 어쩔 수 없는 것 아닙니까? 사람은 각자가 가진 운이 있는데 그 운마저 나눈다면 복권 당첨자들도 당첨금을 모두 나누어야 한다는 말씀이십니까?"

"스스로 어리석음을 드러내는구나, 복권은 복권 당첨금의 수십 배에 이르는 수익금을 공익을 위해 사용하고 있어 네 집값 상승의 수익과는 공익 부분에서 차원이 다른 이야기다. 네 집값 오른 액수에 수십 배에 달하는 다른 공익이 있느냐? 너에게만 이익이 있는 것 아니냐? 쓸데없는 예를 들지 말라. 그리고 복권도 일종의 불로소득이므로 복권 당첨금의 90%는 국가에서 환수하여 평등세 재원으로 사용할 것이다. 당첨금이 작아지면 복권을 사는 사람도 거의 없어질 것이다. 국가에서 한다는 짓이 도박과 같은 복권을 운영하다니 참으로 어처구니없는 일이다. 내일 당장 없애려고 했으나 일단 당첨금 90% 국가 환수 조건으로 내버려 두겠다. 아마도 곧 저절로 사라질 것이다."

"너무하십니다. 평생 집값 오르는 것만 믿고 살아 온 사람은 어떻게 하란 말입니까?"

"죽을 때까지 일하면 된다. 너희들 삶의 목표가 틀려먹었다. 대충 50말 후반 60대 초반까지 일하다가 은퇴해서 등산, 여행이나 다니면서 편안히 쉬려는 것, 그 생각부터 없애야 한다. 일은 죽을 때까지 해야 하는 것이며 그것이 너희들 삶을 위해서도 유익하다. 일하면서 부족한 수입과 일하지 못해 곤궁한 부분은 국가에서 평등세를 활용하여 보조해 줄 터이니 죽을 때까지 일한다는 마음만 가지면 너희들 노후 생활은 걱정할 필요 없다. 처음에는 손해 보는 듯 생각이 들겠지만, 너희들 자식 그리고 그 손자들은 모두가 평등한 세상 속에서 미래에 대한 걱정 없이 하루하루 즐겁고 편안하게 살 게 될 것이다. 처음은 두렵겠지만 천상의 신과 판관을 믿고 따르면 지금과 완전히 다른 세상 속에서 살 게 될 것이다."

결국 주택 등을 통한 불로소득에 대한 판관의 판결을 천신은 승인했고 즉시 실시에 들어가기 위한 준비가 진행되었다.

풍요에 겨운 '게으르고 살찐 부자'를 꿈꾸지 말라.
정말 그렇게 될 것이다.
세상 몇 가지 중요한 유익 중 하나가
가난이다.

6. 우리 시대 종교는 타락하고 있지 않은가

이때, 자신을 하느님을 믿는 신자라고 소개한 사람이 자기 소득의 10%를 교회에 바치고 있다고 하면서 이렇게 말했다.

"천상에 계신 천신이나 판관이 이것을 지시했는지요? 만일 그렇다면 그건 너무 가혹한 것 아닌가요? 소득의 10%면 우리들 서민들이 노후를 준비하는 금액보다도 더 큰 액수인데 이를 좀 낮추어 주실 수는 없는지요?"

판관은 어이가 없어 하면서 이렇게 말했다.

"지금 뭐라고 했느냐? 하늘의 천신이 소득의 10%를 바치라고 명령했다고? 그렇게 말한 자들을 모조리 잡아들여라. 사자는 우선 그런 지옥에 떨어질 거짓말을 하고 다닌 종교 집단의 사제들을 이 앞으로 데리고 오너라."

사자는 명을 받아 즉시 몇 사람의 종교 사제를 데리고 왔다. 그중 나이가 좀 있는 사람이 이렇게 말했다.

"오면서 십일조에 관한 이야기 들었습니다. 하지만 십일조는 구약 레위기, 민수기 그리고 신약 성서에 모두 나오는 신자의 의무입니다. 종교 생활을 위해 그 정도의 희생과 봉사는 당연하고 꼭 필요한 것으로 생각합니다. 그것에 불만을 가진 자들은 신을 믿을 자격이 없는 것입니다. 오히려 그들이 회개해야 합니다. 십일조를 걷는다고 지옥에 떨어진다고 하신 말씀은 잘못된 것입니다."

"네가 제정신이 아니구나. 천신이 하늘에서 십일조를 걷으라고

한 적이 없거늘 무슨 망발을 하는 것이냐? 십일조를 걷는 것이 너희 지상의 인간들이 서로 어려운 사람들을 돕기 위해 자발적으로 그리고 순수한 마음으로 걷어 가난하고 어려운 사람들을 돕는다면 그것은 천상의 신이 관여할 일은 아니다만, 천상의 신이 십일조를 걷으라고 하면서 어려운 사람들의 돈을 억지로 걷는 것은 절대 있어서는 안 된다. 그리고 설사 어떤 경우 일시적으로 십일조를 천상에서 명했다고 하더라도, 그 돈은 모두 어려운 사람들을 돕기 위한 것이었지 다른 이유는 절대 없었다."

"하지만 성직자들도 생활을 해야 하는 것 아닙니까? 아이들도 키워야 하고 노후도 생각해야 하고, 성직자도 사실은 직장인과 크게 다르지 않습니다. 천상의 신의 말씀을 전하는 사람으로서 그 수고비를 받는 것을 비난받을 일은 아니라고 생각합니다."

"그렇다. 수고비를 받는 것은 천상의 신도 간섭하지는 않을 것이다. 그러나 그것이 강제적이라면 이야기는 다르다. 절대 그것은 용인할 수 없는 일이다. 그리고 그 십일조도 신에게 바치는 돈이 아니라 종교 사제들, 성직자의 수고비 명목으로 받아야 한다. 신의 명령이라 하면서 돈을 요구해서는 절대로 안 된다."

"아니, 그러면 사람들이 십일조를 내겠습니까? 신의 이름을 빌려 돈을 받을 수 있는 것이지 그렇지 않다면 절대 우리에게 돈을 내지는 않을 것입니다. 특히 그것이 강제되지 않는다면 과연 누가 성직자의 생계를 위한 돈을 내겠습니까? 그리고 성직자의 권위는 땅에 떨어지고 이로써 종교 자체가 사라질지도 모릅니다. 종교가 사람의 선한 행동을 유도하고 죽음에 대한 두려움을 완화시켜 주는데 만일 그렇게 되면 사회는 여러 면에서 불안을 더욱 표출하게 될 것입니다. 이에 대해 고려를 해주시기 바랍니다."

"네 말은 앞뒤가 맞지 않는구나. 대접은 성직자로서 받고자 하고 돈벌이는 돈벌이대로 하겠다는 말 아니냐. 정말로 욕심이 과하구나. 그건 안 될 말이다. 너희들은 성직자로 살든지 아니면 일반인처럼 돈벌이를 하면서 살든지 선택해야 할 것이다. 너희들이 말하는 것은 천상에서 보기에는 성직자가 아니라 천상의 말을 전하는 장사꾼으로 밖에는 보이지 않는다. 성직자는 아무것도 바라지 않는, 오직 신이 정한 성스러운 일을 하는 자이어야 하며 오직 그런 자만이 신의 심부름꾼으로 존경받을 자격이 있는 것이다. 정신 차리거라."

십일조를 받는 또 다른 종교인 역시 역사적으로 실제 십일조를 받았던 예를 들며 자신들의 정당성을 주장했다. 그러면서 천상의 판관 말에 대해 이렇게 억울함을 호소했다.

"십일조를 이용해 자신의 개인적 부를 쌓고 그 부를 물려주기까지 하는 악덕 종교 사제는 그렇게 많지 않습니다. 대부분의 종교 사제는 성직자로서 부끄럽지 않은 삶을 통해 사람들을 위해 봉사하고 신의 계율을 전파하는 훌륭한 분들입니다. 어찌 모든 사람을 그렇게 생각하실 수 있습니까? 적은 신도들의 십일조로 근근이 생활하면서 봉사하는 삶을 사는 종교 사제에게는 십일조가 신의 선물과도 같은 유일한 생계 수단입니다. 부디 가난한 종교 사제들에게는 십일조를 허락해 주시기를 간청 드립니다."

"네가 말하는 것은 알겠다만, 너희 가난한 종교인들도 신도 수가 많아지고 그에 따라 십일조 액수가 커지면 문제가 발생할 것이다. 지금 너희가 경건한 것도 신도 수가 적고 그에 따라 십일조 액수가 적어 그럴 수밖에 없어서 그런 것일 뿐이다. 십일조는 종교인의 욕망과 악의 발원지가 될 것이다. 십일조가 아니라, 자발적 비밀 헌금을 기반으로 생활하도록 하라. 그것으로 부족하여 생활이 어려우면 다른 일을 해서 부족한 수입을 메우거나, 그래도 불가능하여 정말 어려우면 성직을 그만두어야 할 것이다. 자발적 헌금을 이끌어 낼 만한 능력이 없음을 스스로 반성하고 다른 일을 하면서 그 힘을 키워가야 할 것이다. 어떤 경우에도 헌금은 강요되어서는 안 된다. 이는 천상의 신을 무시하는 일이고 또 욕되게 하는 일이다."

"그럼 지금 종교 활동을 하고 있는 저희들은 어떻게 해야 합니까? 가난한 종교인들은 모두 종교를 이끄는 직을 그만두어야 한다는 말입니까?"

"지금 말하지 않았느냐. 자발적 헌금을 바탕으로 생활하면 된다. 만일 그것이 어려우면 관련 종교인들이 모두 모여 대규모 종교 연합을 만들고 자발적 헌금을 공동 관리하여 성직자들에게 적절한 월급을 제공하면 될 것이다. 이는 이미 다른 여러 종교에서 그렇게 실시하고 있으니 참고하면 될 것이다."

"그와 같은 대규모 종교 연합이 싫어 독립한 가난하고 순수한 종교인들도 있는데 그들은 어떻게 합니까?"

"벌써, 세 번째 말하는구나. 그런 경우는 더더욱 자발적 헌금을 기반으로 운영해야 하고 그것이 불가능하면 그 종교 교리와 방식은 더 성숙해질 때까지 보류해야 할 것이다."

이때, 처음부터 같이 판결에 참여하던 어린 소년이 또 다른 종교의 타락에 대하여 이렇게 말했다.

“십일조의 타락은 이미 드러난 문제이지만 종교는 더 많은 타락 속에서 썩어가고 있습니다.”

“그래, 다른 어떤 문제가 있느냐?” 판관이 물었다.

“신을 빙자해서 사람의 영혼과 재산을 탈취하기도 하며, 이미 죽어 없는 사람들의 제사를 위해 터무니없는 돈을 요구하기도 합니다. 종교인들의 소득에 대해 전혀 세금을 환수하지 않아 재산을 축재하고 그것도 모자라 십일조로 걷은 헌금을 바탕으로 한 재산을 상속까지 합니다. 종교 신자를 그 숫자에 따라 돈으로 사고팔기도 하며 종교 단체 이름으로 어려운 사람을 돕겠다고 기부금을 받아 순수한 마음으로 돕는 사람들의 돈을 자신들의 운영비와 생활비로 사용하기도 합니다. 종교 단체의 수장이 되면 많은 이권이 있어 그 수장 자리를 놓고 종교인 간에 서로 폭력적으로 싸우기도 하고 종교 단체 간에 신도들을 확보하기 위해 다툼이 있기도 합니다. 종교라는 이름으로 개인의 재산을 착복하기도 하고 개인의 자유를 구속하기도 하며 그에게서 벗어나지 못하도록 협박과 폭력을 사용하기도 합니다. 종교를 ‘복을 구하고 화를 면하는 주술적 도구’로 생각하며, 인간의 약한 마음을 이용해 터무니없는 종교적 금전을 요구하기도 합니다. 사람들은 종교를 통해 도덕적 선을 추구해야 하거늘 종교 모임을 할 때는 경전에 따라 종교적 숭고함을 보이지만, 모임이 끝나 그곳을 나서면 다시 욕망에 사로잡히고 사악한 마음을 제어하지 못하니 종교가 무엇 때문에 있는지 모르겠습니다.”

“그렇구나. 종교의 역할이 지상에서 많이 변질되고 있구나. 지상에서의 기도를 들어보면 지상의 사람들은 기도의 본질을 잘 모르는 것 같다. 기도는 순수해야 하며 자신이 아닌 공동체를 위한 것이어야 함에도 불구하고 개인의 희망과 욕망을 위해 대부분 기도하고 있다. 그것들은 개개인이 스스로 해결해야 하는 것임에도 불구하고 말이다. 어쨌든 종교의 타락 관련 판결문을 올려 천신의 재가를 받도록 하겠다. 종교인이 소득 개념으로 십일조를 받는데 세금을 내지 않는다는 것은 어불성설이고 종교 단체의 사람들을 신도 수에 의해 가격을 정해 매매한다는 것도 지옥 불에 떨어질 일이다. 폭력을 써서 종교의 수장 자리를 다투는 것도 그냥 내버려 둘 수는 없고 종교가 그 순수한 목적에서 벗어나 복을 구하고 화를 면하는 수단으로 사용되는 것도 좌시하지 않겠다. 지상의 사람들은 이번 기회에 고칠 것은 반드시 고치도록 해야 할 것이다."

"판관님, 판결문을 작성하기 전에 한 가지만 고려해 주십시오." 십일조를 통해 꽤 많은 부를 축적한 한 종교인이 다급하게 말을 시작했다."

"그것이 무엇이냐?"

"십일조가 모두 나쁜 것만은 아니라는 것과 종교 사제 그리고 종교 또한 모두 타락한 것은 아니라는 것입니다. 너무 극단적 최악의 예를 일반화시켜 전반적 지상의 종교가 폄하되지 않도록 고려해 달라는 것입니다. 십일조는 신도들 소득의 일부를 어렵고 가난한 사람들을 위해 사용하는 것이고 종교의 타락은 종교 사제가 되어서는 안 되는 사람들이 종교를 이끌어 생기는 일입니다. 모든 것을 금지하는 것이 아니라 선별적으로 벌주시는 것이 좋을 것으로 생각됩니다."

"네 말도 아주 틀린 것은 아니지만 작은 불씨를 남겨두면 다시 큰 들불과 산불로 번질 것이다. 천상에서 우리가 대체로 삼천 년마다 내려오는데 그 사이 지상에서 너희들이 네 말대로 잘해 나갈지 의문이다. 아마도 100년도 되지 않아 다시 타락하게 될 것이다. 판결에 네 말도 일부 고려하겠다만 큰 틀의 판결은 변함없을 것이다."

판관은 판결문을 만들기 위해 처소로 들어갔고 사람들은 결과를 기다렸다. 종교인들은 너무 가혹한 처벌이라 불만을 표출하기도 했지만, 당연한 일이라고 생각하는 사람도 있었다. 잠시 후, 천신의 재가를 받기 위한 판결문은 게시되었고 사람들은 하나둘씩 모여들어 내용을 읽어 보았다. 모두 그 엄격한 적용에 놀랐으며 종교인들 일부는 천신에 재가를 받기 전에 내용이 수정되어야 한다고 하면서 판관에게 달려가 이렇게 말했다.

"너무하십니다. 지금까지 애써 살아온 종교 사제들을 일반인들보다 더 가혹하게 처벌하시려 합니까? 그리고 천신이 그것을 허락한다고 해도 종교 단체에서 운영하던 일들이 있는데 어떻게 6개월 안에 모든 헌금 방식을 바꾸겠습니까? 최소한 2~3년 정도의 시간은 주셔야 거기에 맞추어 운영 대책을 세우지 않겠습니까? 제발 기간만이라도 좀 늘려주시기 바랍니다."

"너희들이 또 술수를 쓸려고 하는 것을 내가 모를 줄 아느냐. 비밀 자발적 헌금 방식의 적용은 6개월 후가 아니라 당장 지금부터 실시할 것이고 법안 변경만 6개월 후까지 하겠다는 것이다. 그 사이 신도들로부터 더 많은 헌금을 한꺼번에 받아 모아놓으려는 계획을 내가 모를 것 같으냐? 더 이상 그 얘기는 꺼내지 말라."

"그렇게 엄격하게 종교인에게 요구하시면 누가 종교인이 되겠습

「종교 타락 문제」 에 대한

판결문

종교 타락에 의해 일어나는 문제점들을 해결하기 위해 아래와 같이 판결한다. 국가는 이를 6개월 안에 즉시 시행하고 모든 관계 법령을 개정할 것을 명한다.

1. 종교 단체의 십일조 헌금은 즉시 완전히 폐지한다. 모든 헌금은 무기명 자발적인 것만 허용한다. 이를 어기면 해당 종교를 폐쇄하고 종교 사제들은 10년 이상의 징역형에 처한다.

2. 종교 사제들의 소득에 대해서도 일반인과 동일하게 소득의 50%를 평등세로 환수하고 나머지 소득에 대해서도 일반 세금을 부과한다. 단, 헌금을 국가에 신고된 별도의 통장으로 관리하고 전액 어렵고 가난한 자를 돕는 데 쓴다면 그것은 허용한다.

3. 종교 사제들이 사욕을 위해 사기, 부정 축재, 폭력 등 법을 위반하면 그 즉시 그 종교에서 파문하고 위법 사항에 대해 일반인의 10배 이상 형량을 선고한다.

4. 종교 사제는 반드시 20년 이상의 수련 과정 후 임명한다. 그 20년 동안은 최저 생계비만 지급한다,

천상의 판관

니까? 만일 그대로 천신이 재가한다면 종교는 점점 힘을 잃어 갈 것이며 지상의 사람들은 더욱 정신적으로 피폐해지고 방황할 것입니다. 그것은 어떻게 하려고 하십니까?"

"그렇게 엄격한 규율을 적용하면 누가 종교인이 되겠냐고 하였느냐? 천상의 신이 바라는 바가 바로 그것이다. 아무나 종교 사제가 되어서는 절대 안 된다. 지금 지상의 종교인들을 보니 학교 몇 년 다니면 바로 종교 사제가 될 수 있더구나. 참 어처구니없는 일이다. 종교 사제가 되려면 20년 이상의 준비와 수련 기간을 두도록 법률을 바꾸어야 할 것이다. 사명감과 목숨을 건 각오와 자기 자신에 대한 희생, 진리를 위한 노력 없이는 절대 종교 사제가 될 수 없도록 할 것이다. 종교 사제가 적어진다고 지상 사람들의 정신이 피폐해진다고 했느냐? 반대로 지상의 종교 사제가 많을수록 사람들은 피폐해질 것이다. 쓸데없는 걱정 말라."

"그럼, 이미 사제로서 활동하고 있는 사람은 어쩌란 말입니까?"

"판결문 그대로이다. 20년이 넘은 사제는 그대로 직을 수행할 수 있지만, 20년이 안 된 사제들은 다시 사제 수련 과정으로 돌아가고 20년 동안 사제 수련 기간을 마치면 사제에 임명하도록 하겠다. 20년 이상의 사제들도 1년에 삼 분의 일, 네 달 동안은 수련 기간을 가져야 한다."

"이미 부양가족이 있는 사제들은 최저 생계비만 가지고는 생활이 어렵습니다."

"국가에서 평등세를 걷어 생활이 어려운 사제들도 도울 것이다. 종교 사제이면서 그 정도 어려움을 견디지 못한다면 당장 사제직을 그만두어야 할 것이다."

종교인들, 종교 사제들, 그리고 주변에 모인 사람들은 웅성거렸으나, 천상 판관의 판결에 더 이상 불만을 제기할 수 없었다. 잠시 후 결국 천상의 신은 판관의 판결을 승인, 재가했고 판결 그대로 지상에서 실시하는 것으로 결정되었다.

우리는
아무것도 요구하지 않는 자만 신뢰할 수 있다.
신도 예외는 아니다.

7. 우리 시대는 처벌에 대해 평등의 원칙을 잘 준수하는가

조금 있으니, 누군가 불만에 가득 차 천상의 판관에게 고하려고 다가왔다. 그는 자기가 간단한 법규를 지키지 않아 부과되는 벌금에 대해 이렇게 말했다.

"저는 며칠 전에 주차위반을 해서 벌금을 부과받았습니다. 그 액수는 평범한 직장인에게는 절대 가볍지 않은 액수입니다. 하지만 제가 공동체에서 정한 규칙을 지키지 못한 것이므로 벌금을 내는 것에 불만은 없습니다. 그런데 문제는 제 앞에 주차된 차가 있었는데 꽤 재산이 있어 보이는 사람들의 차 같았습니다. 그 차도 같이 주차 위반 벌금을 부과받았는데, 우연히 그 차의 주인인 듯한 부부가 하는 말을 듣고 화가 나서 이렇게 찾아오게 되었습니다."

"그래, 그들이 뭐라 하더냐?"

"저희에게 모멸감을 주는 말을 하고 있었습니다. 주차 금지 구역에 돈 없는 자들이 왜 주차를 해 자신들의 주차를 방해하는지 모르겠다고 하면서, 돈이 없으면 멀리 주차하고 걸어와야지 자기들의 주차에 걸리적거린다고 했습니다. 그들은 돈은 얼마든지 있으니 오히려 주차 금지를 이용해서 편하게 주차 불법을 저지르려고 했습니다. 이에 대해 무언가 정책의 변화가 없으면 국가의 법규는 오히려 돈 있는 자들의 편의를 제공하는 꼴이 될 것입니다."

"그렇겠구나. 지금 지상의 벌금이 정액제로 되어 있는가 보구나. 네 말대로 그렇다면 같은 법규를 위반하고도 벌금에 대해 느끼는 체감 효과가 달라, 법규 예방 효과가 부자들에게는 거의 없겠구나. 알았다. 이 문제는 내가 천신께 올릴 판결을 준비하겠다."

그때 젊을 때 고생하고 노력해서 자산을 모은 사람이라며 자신을 소개한 자가 이렇게 말했다.

"그건 안 될 말입니다. 모든 국민을 동일하게 처우해야 하는 국가가 다른 잣대로 벌금을 매기는 것은 평등의 원칙에 위배됩니다. 그리고 조금 여유 있게 살게 되어 범칙금에 대해서도 부담 없는 세상에서 이제 살 만해졌는데 그 권리를 빼앗는 것은 국가의 횡포입니다. 돈을 버는 이유도 범칙금 같은 부담에서 벗어나고 싶은 것도 있는데 그렇게 되면 애써 돈을 버는 이유가 없지 않습니까?"

"지금 뭐라고 했느냐? 내 귀가 의심스럽구나. 돈이 있으니 가난할 때 느끼는 범칙금 부담에서 벗어날 수 있고 돈이 있으니 필요에 따라 쉽게 법규를 어길 수 있게 되니 살기 편해졌다는 말 아니냐? 네 생각을 바꾸지 않으면 너는 죽은 후 지옥 불 속에서 오랫동안 고통받을 것이다. 학교에서 평등과 공평의 구분도 배우지 못하고 어떤 경우에 평등을, 어떤 경우에 공평을 우선해야 하는지도 배우지 못한 것 같구나."

"잘 모르겠습니다. 무엇이 잘못되었는지 저희에게 가르침을 주시기 바랍니다."

"잘 들어라. '평등'은 인간 존엄을 기준으로 하며 '공평'은 인간의 노력을 기준으로 한다. '평등'은 정신적 면에서 우선하며 '공평'은 물질적 면에서 우선한다. 범칙금의 경우는 물질적 사항이므로 '평등'이 아닌, '공평'을 기준으로 해야 한다. 이때 공평하기 위해서는 자신의 소득에 맞추어 법규 위반 시, 똑같은 부담으로 느껴지도록 하는 것이 공평한 일이다. 세 후 년간 20억 소득자와 세 후 2,000만 원 소득자는 범칙금에서 100배가 되어야 한다. 예를 들어 2,000만 원 소득자가 4만 원의 주차위반 범칙금을 낸다면 20억 소득자는 400만 원을 납부해야 할 것이다."

"판관님 말씀대로 공평을 기준으로 한다고 해도 주차위반에 400만 원을 벌금으로 낸다는 것은 범칙금이 아니라 범죄 취급을 하는 것 같습니다. 2~3배 많이 내는 것까지는 참겠으나 100배를 낸다는 것은 받아들일 수 없습니다. 우리가 무슨 큰 범죄를 저지른 것은 아니지 않습니까?"

"네 말대로 주차위반 정도의 행위는 큰 범죄는 아니다. 하지만 소득 대비 적은 범칙금으로 인해 국가 법규에 대해 쉽게 위반해도 된다는 생각을 마음속에 갖는 것은 국가를 위험에 빠뜨리는 중대한 범죄이다. 그 중대한 범죄를 저지르지 않도록 실제 소득에 맞추어 범칙금을 낼 필요가 있다. 그렇게 정할 것이니 판결 게시를 보고 불만이 있으면 그때 다시 말하거라."

"그렇게 부자들이 갖게 되는 특권들이 모두 없어지면 누가 부자가 되려고 노력하겠습니까? 부자가 되려고 노력하는 과정에서 국가가 발전하고 지상의 문명이 발전하는 것 아닙니까?"

"네가 돌아도 한참 돌았구나? 지금 지상의 문명이 발전했다고 정말 생각한단 말이냐? 지상 인간들의 욕심으로 천상의 신이 창조한 창조물 생명체의 반 이상이 지상에서 사라졌고 너희가 살고 있는 지상의 모든 것이 멸망해 버리기 직전이다. 그 맑던 공기는 숨쉬기 어려울 정도로 탁해졌고 그렇게 깨끗하던 물은 더 이상 찾기 힘들 정도이다. 너희 인간의 먹잇감으로 하루에도 수십만 마리의 가축들이 살육되고 있다. 너희 지상의 인간들은 어떤 악마 못지않은 잔인하고 무식한 족속으로 바뀌고 있는데, 지상의 문명이 발달했다고 생각하는 것이냐? 자동차가 있어 그렇게 좋으냐? 비행기가 있어 정말로 좋으냐? 휴대전화가 있어 그렇게 좋으냐? TV가 있어 정말로 인생이 즐거우냐? 자동차, 비행기, 휴대전화, TV가 정말로 너희를 행복하게 했느냐? 이런 것들을 진정 문명의 발달로 생각하느냐?"

이번에는 또 다른 억울함을 호소하는 사람이 조금 기다렸다가 판관에게 말했다.

"저는 회사 사장으로부터 폭행 및 상해를 당했는데 이를 고소하니 벌금으로 300만 원이 부과되었습니다. 우리 같은 사람 한 달 월급의 벌금은 가족의 생활에 막대한 영향을 미치기 때문에 감히 그런 범죄를 저지를 수 없지만, 한 달 수입이 5억 정도 되는 회사 사장은 저를 폭행하고 벌금으로 낸 300만 원은 식구들끼리 한 번 여행을 다니거나, 고급 옷 한 벌 값밖에 되지 않을 것입니다. 이처럼 범죄 행위에 대해 같은 벌금으로 누구나 똑같이 처벌을 한다는 것은 그 벌금의 경중이 너무도 차이가 큽니다. 돈이 많은 자들도 함부로 범죄를 저지르지 못하도록 이 또한 고려해 주시기 바랍니다."

"지상은 정말로 기이한 곳이구나. 같은 폭행죄라고 같은 벌금을 물린단 말이냐? 이 같은 법률은 분명 돈 많은 사람이 자신들을 보호하기 위해 만든 엉터리 법안이 지금까지 그들을 보호하는 세력에 의해 그대로 유지되는 것임이 틀림없다. 이런 것 하나 스스로 법률을 만들지 못할 정도로 지상은 타락해 있구나. 알겠다. 이번에 내가 바꾸어 주도록 하겠다."

"감사합니다. 꼭 저희들이 무시 받지 않도록 엄격하게 변경 시켜 주시기를 부탁드립니다."

"알겠다. 현재 300만 원이 국민 평균 월 소득이라 가정하고 모든 범죄에 대한 벌금형은 각자의 평균 월 소득을 기준 금액으로 변경하겠다. 너의 경우 같으면 네 사장은 너를 폭행한 죄에 대한 벌금으로 그의 월 소득과 같은 5억을 납부해야 할 것이다. 이는 앞으로는 물론이고 당장 너부터 해당되도록 소급 적용해 벌금을 물리겠다. 사자는 이 내용을 각 지역 대통령, 국무총리, 법무장관, 검찰총장에게 전달하고 즉시 시행토록 전달하라."

사자는 판관의 명령에 따라 즉시 언급된 사람에게 천상 판관의 명령서를 전달했다. 조금 있으니 이 법안에 불만을 가진 자들이 판관이 있는 언덕으로 모여들었다. 그중 한 사람이 판관의 결정을 이해할 수 없다며 이렇게 말했다.

"돈이 많다고 같은 죄를 다르게 처벌한다는 것은 위헌적 요소가 다분히 있습니다. 아무리 천상의 판관이라 해도 지상의 수 천 년 된 전통을 그렇게 갑자기 바꿀 수는 없습니다. 우리 지상의 사람들을 납득시켜 주시기 바랍니다."

"그래, 알았다. 네가 가진 불만을 말해 보거라."

"돈이 많건 적건 죄는 동일합니다. 만일 그렇다면 더 가난한 사람들은 죄를 저질러도 벌금을 거의 내지 않아도 된다는 말입니까? 그건 오히려 범죄를 부추기는 역할을 할 것입니다. 그리고 돈이 좀 있는 부자도 그 재산을 유지하기 위해 지출되는 비용들이 있는데 그렇게 많은 벌금은 아무리 돈이 많은 부자라도 감당할 수 없을 것입니다. 그러면 생활이 위축되고 경제 활동에 영향을 미쳐 부의 재창출에 악영향을 미칠 것입니다. 그리고 돈이 많은 것이 무슨 죄도 아닌데 돈이 많다는 이유로 더욱 가혹하게 처벌한다는 것은 이상하지 않습니까? 어쨌든 같은 범죄에 대한 벌금을 소득과 연동하는 것은 있을 수 없는 일입니다."

"너는 마치 범죄를 저지를 준비를 하고 있는 사람처럼 말하는구나. 벌금이 100배가 되든 1,000배가 되든 범죄를 저지르지 않으면 될 것 아니냐. 무엇이 두려워서 범죄에 대한 벌금 증액에 반대하느냐? 지금 너희가 반대하는 그 부담감을 가난한 자들은 벌써부터 짊어지고 살아왔다. 이제 너희도 같은 부담을 지고 살 게 될 것이다. 너희가 불만을 가질 이유가 하나도 없다. 가난한 사람들이더라도 범죄에 대한 벌금은 너무 적으면 안 되니, 전체 국민 중위 소득을 가진 자가 내는 벌금에 맞출 것이다. 범죄에 대한 벌금은 중위 소득을 기준으로 소득이 더 많은 사람에게만 연동해 증가시킬 것이다."

"만일 그렇다면 평등을 위해 벌금뿐 아니라 모든 상품의 가격도 가난한 사람에게는 싸게 팔고 부자에게는 비싸게 팔아야 하지 않겠습니까? TV값도 자장면값도 소득에 따라 달라져야 하는 것 아닙니까?"

"너는 지금 무슨 말을 하는 거냐? 지금 소득에 연동하는 것은 법을 어기는 범칙금과 벌금을 이야기하고 있는데 갑자기 다른 이야기를 하는 것이냐. 법의 준엄성이 부에 의해 무시되고 파괴되는 국가적 위기 상황을 해결하고자 하는 것이지 열심히 노력해서 재산을 모으고 그 재화로 자신이 사고 싶은 것을 구매하는 일반 경제 활동에 대해 말하는 것이 아니다. 일반 경제 활동은 고소득자 범죄 행위에 대한 소득 연동에 의한 처벌 강화와는 완전히 다른 일이다."

이때 조용히 있던 비상한 모습의 소년이 또 다른 문제를 제시했다.

"소득 연동형 범칙금, 벌금과 함께 기업에 대한 매출 연동 범칙금도 도입되어야 합니다. 예를 들어 월매출 1,000만 원 식당과 월매출 10억 원의 식당 모두 식품위생법 위반 시 500만 원의 범칙금을 부과하는데 이는 불합리합니다. 매출이 100배이면 범칙금도 100배인 5억 원이 부과되어야 합니다. 이는 매출이 많고 그에 따른 수익도 많아짐에 따라 범죄 행위에 대한 책임을 더욱 강화해야 하기 때문입니다. 즉 매출이 증가함에 따라 그 제품을 이용하는 사람이 증가하기 때문입니다. 일반 기업의 근로기준법과 같은 기업 관련 법규 위반 경우도 마찬가지입니다. 매출 20조 기업의 법률 위반 범칙금은 매출 2억 기업의 10,000배를 징수해야 합니다. 예를 들어 매출 2억 기업이 100만 원의 근로기준법 범칙금을 낸다면 매출 20조 기업은 같은 위반 사항에 대하여 그 10,000배인 100억의 범칙금을 내야 합니다. 이것이 공평한 법정신이 살아 있는 사회입니다. 이번 판결에 이것도 고려해 주시기 바랍니다."

"네 말대로이다. 오히려 지금까지 이처럼 불공평한 법을 잘도 참아 왔구나. 도저히 있을 수 없는 일들이 오랫동안 벌어지고 있으니 지상의 최고 가치가 '돈'이 되어 버렸구나. 이번에 내가 천신께 고해 돈 중심 세상의 잘못된 버릇을 반드시 고쳐놓고야 말겠다."

이때, 소년의 이야기를 듣던 대기업 운영자가 참을 수 없다는 듯 판관에게 이렇게 말했다.

"지금 농담하고 계시는 것이지요? 지상은 자본주의 사회입니다. 그리고 그 이념은 지상의 모든 것을 발전시켰고 또 문제점을 개선할 것입니다. 재화의 사적 소유권을 보장해 줌으로써 생기는 인간의 이기적 욕망은 지상을 끊임없이 더 좋은 세상으로 만들어 왔습니다. 이 기본 철학을 부정하라는 말입니까? 부에 의한 욕망의 해소, 특권의 소유, 세상의 지배, 이런 것들을 해체하시려는 겁니까? 아마도 오래지 않아 세상은 정체되고 의욕이 사라지며 오히려 또 다른 최악의 욕망, 즉 전쟁에 의한 정복에의 욕구로 세상은 멸망할지도 모릅니다."

"지상에서 수천 년 동안 세뇌당해서 그런지 너희들은 한결같이 비슷한 생각이구나. 지금 이 세상이 무엇이 그리도 자랑스러우냐? 천상에서 볼 때는 너희들 세상은 지금 거의 최악이다. 지금은 숨어 있을 뿐, 너희들이 바뀌지 않는다면 아마도 그 추악하고 비참한 결과가 곧 나타날 것이다. 사람들은 오만해져 있고 환경은 거의 파괴되어 있으며 생명의 멸종은 가속화되고 있다. 너희들이 자랑스러워하는 발전에의 욕망은 너희를 숨쉬기도 어렵게 하고 마실 물이 없어 목마르게 할 것이며 지상은 온통 오염과 오물 그리고 병원균과 전염병으로 가득 차게 될 것이다. 이미 때가 늦었을지도 모르지만 더 이상 늦는다면 정말로 지상의 삶은 파멸을 맞을 것이다."

이 말과 함께 판관은 거처로 돌아가 천신께 올릴 판결문을 만들었다. 잠시 후 판결문이 게시되었고 천신에 올리기 전, 마지막 이이를 제기하기 위해 사람들은 판결문을 자세히 읽었다.

「공평한 벌금 문제」 에 대한
판결문

동일한 벌금에 의해 일어나는 문제점들을 해결하기 위해 아래와 같이 판결한다. 국가는 이를 3개월 안에 즉시 시행하고 모든 관계 법령을 개정할 것을 명한다.

1. 규칙 위반에 대한 범칙금은 개인 소득 연동에 의해 차등 부과한다. 중위 소득자를 기준으로 하여 그 이상의 소득자는 예외 없이 소득에 비례하여 범칙금을 차등 부과한다.

2. 범죄에 대한 벌금 또한 개인 소득 연동에 의해 차등 부과한다. 중위 소득자를 기준으로 하여 그 이상의 소득자는 예외 없이 소득에 비례하여 범죄에 대한 벌금을 차등 부과한다.

3. 기업에 대한 법률 위반 벌금은 기업 매출 연동에 의해 차등 부과한다. 중위 기업 매출을 기준으로 하여 그 이상의 매출 기업은 예외 없이 매출에 비례하여 법률 위반에 대한 벌금을 차등 부과한다.

4. 소득 또는 매출 조작 등의 편법으로 위 사항을 어길 시는 차등 범칙금 또는 벌금의 100배를 징벌적으로 즉시 추가 부과한다.

천상의 판관

판결문이 공개되고 사람들은 환호하는 사람과 불만으로 가득 찬 사람으로 나뉘었다. 환호하는 사람들은 소득 연동 벌금 제도로 모든 사람이 법에 대한 같은 두려움을 가지게 된 것을 다행으로 생각했다. 반면 불만을 가진 사람들은 부에 의해 은밀하게 감추어져 있는 자신들의 특권이 사라진 것에 대하여 참기 힘들 정도로 반발하고 있었다. 그중 한 사람이 판관에게 이렇게 말했다.

"천상의 판관님, 지상의 모든 일에는 질서가 있습니다. 그 질서는 힘 있고 재산이 있는 사람들에 의해 품위 있고 교양 있게 인도되고 있었는데 사람들을 선도할 신분 계층이 없어지면 우리 세상의 품위와 교양은 사라지고 저속하고 교양 없는 사람들이 이끄는 난잡한 세상으로 바뀔 것입니다. 힘 있고 돈 있는 사람들의 특권이 부정적 요소가 없는 것은 아니지만, 오히려 긍정적 요소로 지상의 삶을 이끌어 왔다는 것을 알아주셨으면 합니다. 범칙금과 벌금도 최대 2배 정도의 선에서 조정해 주시기를 부탁드립니다."

"돈 있는 부자들이 품위가 있고 교양이 있다고 말하는 것이냐? 품위와 교양이 돈으로 가능하다고 생각하는 것이냐? 포도주의 이름을 알고 미국식 스테이크 먹는 법을 아는 것이 품위와 교양이라고 생각하느냐? 더 이상 할 말이 없구나. 대꾸할 가치도 없다. 다른 의견은 없느냐?"

대기업을 운영하면서 많은 돈을 잠시 소유한 자가 불만스럽게 이렇게 말했다.

"그럼, 저와 회사 사원들과 다른 점이 무엇입니까? 내가 그들을 고용하고 먹여 살리는데 똑같은 대우를 받고 살라는 말입니까? 그렇다면 회사를 접고 가진 돈만으로 그냥 편히 살겠습니다."

"잘 생각했다. 너 같은 거만한 기업인은 하루빨리 사라지는 것이 국가를 돕는 일이다. 네가 재산을 얼마나 가지고 있는지 모르겠으나 일을 하지 않으면 아마도 오래지 않아 대부분의 재산은 평등세로 환수될 것이다. 가지고 있는 돈으로 편히 놀면서 풍족하게 살 생각은 꿈도 꾸지 말라."

결국, 누구도 천신의 판관을 논리적으로 설득시키지 못했고 판관의 판결문은 수정 없이 천신에게 상신되었다. 천신은 이제야 이런 보고가 되었는지 오히려 놀라면서 지상에 판결을 승인, 공표했다.

사람들이 원하는 '세상의 것'도 구하고
행복도 찾으려 하는 것은
지나친 욕심이다.

8. 우리 시대는 정당방위를 충분히 보장하고 있는가

천신의 판결과 공표들이 지상에서 울려 퍼지고 지상의 오래된 부조리들이 해결되어 간다고 사람들은 생각했다. 이 같은 하늘에서 내려오는 판결문들을 듣고 있던 한 사람이 판관을 찾아와 자신의 억울함을 풀어달라고 호소했다.

"저는 감옥에서 10년을 복역하고 나온 사람입니다."

"그래, 무슨 죄를 지었느냐?"

"사람을 죽였습니다."

"사람을 죽게 했으면 10년 감옥 생활은 오히려 너무 짧구나. 억울할 것이 무엇이 있느냐?"

"사실은 이렇습니다. 저는 제 아내와 딸과 함께 행복하게 잘살고 있었습니다. 어느 날 저녁, 저희 집에 도둑이 들어왔습니다. 저는 이상한 소리에 깨, 도둑임을 확인하고 아내와 딸을 보호하기 위해 도둑과 대치했고 도둑에게 조용히 나가라고 했음에도 그는 칼을 들이대며 강도로 돌변했습니다. 저는 두려웠지만, 가족을 지킬 사람은 저밖에 없었기에 저도 부엌에 있는 칼을 집어 들었고 서로 칼을 빼앗으려 몸싸움을 하는 과정에서 도둑은 제 칼에 찔려 넘어지면서 머리를 마룻바닥에 부딪혔고 뇌진탕으로 정신을 잃었습니다. 급히 119 구조대를 부르고 병원에 이송했지만 결국 사망했습니다."

"그럼, 네가 죽인 자는 강도로 돌변한 도둑이었느냐?"

"네, 그렇습니다."

"네 집안으로 침입한 강도를 죽었는데 10년을 복역했단 말이냐?"

"그렇습니다."

"그럴 리가 있느냐? 그때 판결한 지상의 판사는 무어라 하면서 그리 판결을 했느냐?"

"10년 전 제 판결을 했던 판사는 저의 정당방위를 인정하지 않고 일반 살인과 다르지 않게 판단했습니다. 제가 칼로 찌른 것은 사실이고 찌르지 않고 제압할 다른 수단이 있었음에도 과도하게 반응했다는 판단입니다. 제가 체격이 크고 운동도 많이 해서 건장하므로 칼을 쓰지 않아도 제압 가능했을 것이라는 논리입니다. 하지만 저희 집에서 칼을 들고 저와 가족들을 해치려는 자와 대치하는 상황에서 그렇게 냉정하게 대응할 수는 없었습니다."

"그렇구나. 네 말이 모두 사실이라면 정당방위가 인정되지 않았구나. 정확한 사실을 다시 한번 들어보자. 사자는 그때 판결을 담당한 판사와 검사, 변호사 모두 불러오너라."

사자는 즉시 그들을 데리고 왔고 데리고 오는 사이에 현재 상황을 설명해주었다. 판관이 우선 지상의 판사에게 물었다.

"10년 전, 살인 사건인데, 그때 너는 왜 정당방위를 인정하지 않았느냐? 자세히 말해 보거라."

"네, 그 사건은 명확합니다. 가해자는 무술 유단자였고 체격도 피해자보다 컸습니다. 칼을 사용해 생명을 빼앗지 않고도 도둑을 충분히 제압할 수 있었던 상황이었습니다. 가해자는 아무리 위급한 상황에서라도 타인에게 상해를 입히지 않도록 충분히 주의해야 할 의무가 있습니다. 가해자는 그 의무를 게을리했고 상해 정도가 살인에 이르는 큰 잘못을 했습니다."

"정당방위를 아주 엄격히 제한하는가 보구나. 왜 그렇게 까다롭게 정당방위를 인정하지 않으려 하느냐?"

"정당방위를 쉽게 인정하게 되면 모든 범죄를 정당방위로 변명하려 할 것입니다. 사람에 폭력을 휘두르고도 상대가 먼저 공격했다는 사실 하나로 정당방위를 주장하려 할 것입니다. 그러면 결국 모든 범죄에 정당성을 부여하는 꼴이 돼버릴 수 있습니다. 특히 그것이 살인 사건인 경우, 상대가 이미 죽고 없는 상황이기 때문에 얼마든지 상황을 조작할 수 있고 이는 더 많은 부작용을 발생시킬 수 있습니다. 억울함을 풀어 준다고 하면서 더 억울한 사건들을 만들 수도 있으며 최악의 경우는 상대에게 폭력을 행사하는 범죄를 저질렀을 때, 의도적으로 살인까지 저질러 자신의 폭행 사실을 정당방위로 감추려 할 위험도 있습니다."

"지상의 사람들은 언뜻 들으면 네 말이 일리가 있다고 생각할 수도 있겠다. 하지만, 네 생각과 판결에 있어 기본 전제가 잘못되어 있다. 판결의 올바른 전제는 정당방위를 먼저 증명하는 것이 아니라 오히려 정당방위를 위장한 범죄인 것을 우선 증명하도록 조사를 진행해야 한다는 것이다. 정당방위를 포괄적으로 인정하는 것은 대부분 많은 약자를 보호하기 위한 법률이고 이는 지상의 정의를 이끌어 가는 것이다. 하지만 정당방위를 엄격하게 적용하는 것은 사악한 자들이 저지르는 범죄 행위와 그 가해자들을 보호하기 위한 것이다.

정당방위를 이용하여 자신의 범죄를 덮으려는 사악한 자들에 의한 피해자가 많겠느냐, 정당방위가 적용되지 않아 피해를 보는 사람들이 많겠느냐? 정당방위의 엄격한 적용에 의한 지상의 정의는 피해를 줄이는 소극적 정의이고, 그 포괄적 적용은 사람들의 정의감을 북돋아 사회를 용기 있게 바꾸는 적극적 정의이다. 네가 생각하는 대로 법률을 적용하다 보면 사람들은 누군가 범죄를 당할 때도 소극적으로 대응할 수밖에 없고 누군가 범죄를 당하는 것을 보더라도 용기 있게 나서 피해자를 돕기도 어려워진다. 자신의 정당방위도 잘 인정되지 않는데 다른 사람의 정당방위를 돕는 것이 인정될 리가 없다고 생각하기 때문이다. 이렇게 정당방위가 적극적으로 그리고 포괄적으로 인정되지 않으면 지상은 겁쟁이들로 가득할 것이다."

"하지만 정당방위를 적극적, 포괄적으로 인정하다 보면 자신의 개인적 생각을 기준으로 자신이 정당하다고 생각하고 타인에게 위해를 가할 수 있지 않습니까?"

"그것이 바로 너희들 법률가 집단, 판사, 검사, 변호사, 경찰들이 밝히고 판단해야 할 일 아니냐? 그것이 어렵다고 지상에서 정의감과 용기를 몰아내려 하느냐?"

다음으로 판관은 정당방위로 사람을 죽인 사람의 정당성을 인정하지 않은 검사에게 그 근거와 이유를 물었다. 검사가 나와 판관에게 자신의 판단과 구형 내용을 이렇게 설명했다.

"제가 판단한 근거는 정당방위가 인정되기에 부족했기 때문이었습니다. 정당방위가 인정되려면 정말로 자신의 생명이 위협받을 정도의 상황이었는지입니다. 정당방위를 주장하는 가해자는 실제로는 칼로 위협만 받았을 뿐, 상해를 입지도 않았으며 체격적으로도 강도로 돌변했던 피해자보다도 우위에 있어 얼마든지 살인은 피할 수 있었다고 판단해 10년을 구형한 것입니다."

"그래, 네가 판단한 이유가 겨우 체격이냐? 다른 근거는 없느냐?"

"제가 사법 시험을 보기 위해 공부한 법률 내용과 판례 등을 살펴보아도 제가 판단한 것과 동일한 판단을 오랫동안 적용해 왔고 판례도 수도 없이 많습니다. 그 판례를 근거로 구형한 것입니다."

"그 판단 근거가 판례라고 했느냐? 판사나 검사나 판례나 참고하는 철학 없는 지식 졸부들이구나. 그렇다면 너희보다 AI가 더 잘 판단하지 않겠느냐? 네 자신의 생각을 말하라고 하니, 법률, 판례 타령만 하고 있으니 지상의 법률가들에게 맡겨놓으면 아무 일도 안 되겠다."

판관은 이 사건을 변호했던 변호사를 불러 당시 상황에 대해 다시 이렇게 물었다.

"네가 정당방위에 대한 변호를 했으니 이 사건에 대한 네 생각을 말해 보아라. 너는 어떤 생각을 가지고 변호에 임했느냐?"

"저는 피고인이 가난하여 민간 변호사를 선임할 수 없어 국가에서 지정한 국선 변호사입니다. 제가 담당해서 변호해야 할 사건이 너무 많아 깊이 있게 변호할 만한 시간과 여유가 없습니다. 제 10년 전 기억으로는 이 사건은 앞서 이야기된 바대로 너무도 명확히 정당방위를 입증할 수 없는 사건으로 기억하며 검사와 판사를 설득할 수 없다고 판단하여 피고인의 주장을 정리하여 형식적으로 변호하는 수밖에 없었습니다.

그 사건은 이미 결정 난 것이나 다름없어 그 당시 법률과 판례를 참고할 수밖에 없는 국선 변호사인 제가 할 수 있는 것은 아무것도 없었습니다."

"변호사도 별수 없구나. 결국, 가난한 자들은 제대로 준비된 변호를 받을 수 없다는 말이구나. 도대체 정당방위에 관한 지상의 법률과 판례가 왜 이리 엉터리가 되었는가? 누가 할 말 없느냐?"

이때 다시 소년이 판관 앞으로 나와 정당방위가 지상에서 쉽게 인정되지 않는 이유에 대하여 이렇게 말했다.

"정당방위는 원래 위기에 처한 자, 약자를 위한 것입니다. 그러니 정당방위를 인정하면 곤란한 자들이 미리 손을 쓰는 것이지요. 힘 있는 자들은 그 힘을 이용해서 자신이 원하는 모든 것을 얻으려고 하고 그것에 저항하는 사람들을 힘으로 제압하여 자신의 목적을 이루려 합니다. 그런데 정당방위를 적극적, 포괄적으로 적용하면 자신의 위력에 대하여 저항하려 할 것이기 때문에 그 꼴이 보기 싫다는 것입니다. 돈이나 세력이 있는 자들도 마찬가지입니다. 자신의 돈과 세력으로 위력을 행사하고 싶은데 혹시라도 그 위력에 저항하면 곤란하게 됩니다. 돈과 세력이 있으면 누군가를 다수 고용해 약자들을 괴롭힐 수 있는데 정당방위가 인정되면 생각대로 하기 어려워지기 때문입니다. 즉, 누군가를 가해할 수 있는 힘 또는 위력을 가진 자는 약자들이 그것에 저항하기 어렵게 정당방위를 까다롭고 엄격하게 적용하기를 바라고 그깃들을 법을 제정하는 국회의원 등을 매수, 공모하여 자기들 유리한 데로 정해 버린 것입니다. 오랫동안 그 법률과 재판 결과가 그렇게 적용되어 생각 없이 시험만 봐서 임

용된 판사, 검사, 변호사들이 멍청하게 그대로 그 판결을 따르고 있는 것 같습니다."

"무슨 말인지 알겠다. 정당방위의 적용을 약화시켜 약자들의 저항을 무력화시키려는 의도구나. 사람들의 저항 정신을 무력화시키려는 의도도 있겠지. 지상의 법률가들은 멍청한 것도 있지만 아마도 그편이 그들에게도 이익이 된다고 판단했기 때문일 것이다. 돈과 힘 있는 사람 편을 드는 것이 여러모로 도움과 이익이 될 것이니 말이다. 이는 내가 두고 볼 수 없으니 천신께 내 판결을 올리겠다."

이때, 오랫동안 언론사를 이끌어온 사람이 판관의 판결에 대하여 걱정하면서 이렇게 말했다.

"정당방위가 적극적으로 적용되고 그를 바탕으로 저항권이 인정된다면 모두 정당방위를 주장하며 지상은 범죄로 가득해질 것입니다. 지상의 사람들은 모두 이기적이고 탐욕스러워, 모든 일을 자신의 이익과 욕심을 채우는 데 혈안이 되어 있는데 자신에게 조금만 피해를 줘도 정당방위를 사칭해서 범죄를 저지를 겁니다."

"네가 언론사 사장을 하더니 다 너 같은 줄 아는가 보구나. 세상은 그렇게 나쁜 사람들만 있는 것이 아니다. 정당방위는 올바른 사람이 부당한 일을 당할 때 저항을 허락하는 것으로 한정되는 것이다. 올바르지 않은 사람에게는 그리고 정당하지 않은 일에 대해서는 정당방위를 주장할 전제 조건이 성립되지 않는 것이다. 너는 네 특권이 무너질까 두려워 그리고 너보다 약한 사람들이 혹시 대항할까 두려워 그러는 것 아니냐. 너 자신을 부끄러워하거라."

이때 소년이 다시 판관에게 나서 한 가지 더 판결에 포함해 달라면서 이렇게 말했다.

"지상은 여자들이 살기에 매우 위험합니다. 남자들은 자신들의 힘을 이용해 여자들에게 폭력과 위력을 행사하고 있고 여자들은 이에 제대로 저항하지 못한 채 당하고 있습니다. 이성적 논리적인 합의가 아닌 모든 위력과 폭력에 대해 여성들이 정당방위로써 저항할 수 있게 해주십시오."

"알겠다. 지상에는 참 모자란 자들로 가득하구나. 자신의 육체적 힘을 그런 곳에 쓰려고 하다니, 엄격히 판결에 적용하도록 추가하겠다."

그러자 이번에는 자신을 신문기자라 소개하며 여자들의 정당방위 문제에 대하여 이렇게 말했다.

"판관님은 지상의 여자들을 잘 모르셔서 그러시지만, 사실 지상의 여자들이 지금도 그렇게 당하고만 살고 있지는 않습니다. 모든 부분에서 배려되고 있고 범죄나 성 문제 등에 있어 지나치다 싶게 이미 보호되고 있습니다. 오히려 남자들이 역차별로 불이익을 당하고 있는 실정입니다. 남녀 문제는 지상의 사람들이 잘해나가고 있으니 별도로 판결문에 추가할 필요는 없으리라 생각합니다. 고려해 주시기 바랍니다."

"그런데, 너는 왜 여자들의 정당방위를 강화한다는데, 굳이 반대하려 하느냐?"

"여자들도 그렇게 좋은 사람들만 있는 것이 아니라, 정당방위를 이용해서 남자들을 더욱더 자기 맘대로 하려는 경우가 더욱 늘어날 것으로 생각하기 때문입니다."

"지금 네 말도 결국 약자들이 너희들과 동등해지려는 시도를 두고 볼 수 없다는 말 아니냐. 지상의 사람들은 힘을 조금 가지면 그 힘을 이용해 자신의 특권을 누리려고 안달이 나 있구나. 분명 좋지 않은 여자들도 있을 것이지만 그것은 좋지 않은 남자들의 비율과 다르지 않을 것이다. 모든 것을 종합적으로 고려할 때 약자에게 정당방위를 폭넓게 적용하려는 것이니 어리석은 생각은 그만하거라. 네가 그렇게 말하는 것을 들으니 여자들의 정당방위는 더욱 보장해 주어야겠다."

판관이 천신께 상신할 판결문을 작성하고 있는 동안 사람들은 정당방위에 대한 하늘의 판결이 어떻게 나올지 궁금해하면서 기다렸다. 잠시 후, 천신에 보고할 판결문이 사전 공지되었고 사람들의 의견을 듣겠으니 판관이 있는 언덕으로 와서 의견을 제시하라고 첨언 되었다. 정당방위에 대한 천신의 판결에 이의가 있는 사람들이 천신의 언덕으로 모여들었다. 그중 한 사람이 이는 지상에서는 실시 불가능한 판결이라며 판관이 있는 곳에 나서서 이렇게 말했다.

"정당방위가 약자를 위한 법률임은 알겠지만, 약자가 모두 올바른 사람은 아니라는 것을 판관께서는 간과하신 것 같습니다. 죄는 올바름과 올바르지 않음으로 판단해야지 약자와 강자로 죄를 판단할 수는 없지 않습니까?"

"그래, 바로 네가 말한 그대로이다. 약자와 강자는 올바름과 아무 관계 없다. 단지 정당방위를 적극 적용하여, 강자를 보호하기 위해 범죄와 위력 행위를 강자 중심으로 판단하지 않고, 그 올바름으로 판단하겠다는 것이다. 즉, 강자라는 배경을 이용해서 올바르지

「정당방위 문제」에 대한
판결문

정당방위의 엄격한 적용에 의해 일어나는 문제점들을 해결하기 위해 아래와 같이 판결한다. 국가는 이를 3개월 안에 즉시 시행하고 모든 관계 법령을 개정할 것을 명한다.

1. 정당방위적 요소가 있으면 그것을 적극적으로 인정하며 특별한 사유가 있지 않은 한 모든 민·형사 책임을 부과하지 않는다. 정당방위의 적용 불가 사유는 국가 사법 기관에서 증명해야 한다.

2. 폭력 범죄에 대한 정당방위는 예외 없이 인정하며, 폭력 또는 위력의 행사를 당하고 있는 타인을 돕는 과정도 정당방위와 동일하게 적용한다.

3. 여성에 대한 모든 범죄와 위력 과정에서 발생한 여성의 저항은 예외 없이 정당방위를 인정한다. 여성에게 위해를 가한 가해자가 범죄의 과정에서 피해를 보았다 하더라도 그 책임을 묻지 않으며 그 여성에 대한 위해자만 처벌한다.

4. 정당방위와 관련한 위 판결은 100년 동안 우선 실시하며 법 개정은 그 이후에만 가능하다.

천상의 판관

않음에도 불구하고 올바른 약자들에게 함부로 행동하지 못하게 하는 것이 이번 정당당위 판결의 목적인 것이다. 네 스스로 판관의 판단 이유를 말해주는구나. 또 다른 이견은 없느냐?"

이때 오랫동안 정치가로서 실권을 잡고 있는 자가 그래도 도저히 판결 내용은 이해할 수 없다는 듯 말했다.

"판관님의 판결 목적은 이해합니다만 분명 정당방위를 이용하려는 약자들이 있을 것이고 세상은 오래지 않아 혼란 속에 빠질 것입니다. 절대 게시하신 판결 그대로 시행하시면 안 됩니다."

"네가 꽤 약자들을 괴롭혀 왔나 보구나. 천상에서 보면 다 알 수 있다. 물론, 사람들은 정당방위를 악의적으로 이용할 수도 있을 것이다. 하지만, 네 말과 반대로, 약자보다 강자들이 오히려 더 정당방위를 이용하려 시도할 것이다. 어쨌든 사람들의 악의적 이용 가능성이 있음에도 불구하고 이번 판결을 진행하는 이유는 좀 전에도 말했듯이 지상 사람들의 '정의로운 용기'를 살리려는 것이다. 지상의 사람들은 정의를 위한 용기를 잃어 가고 있다. 어떤 희생을 치르더라도 이를 내버려 둘 수는 없는 일이다."

더 이상의 이견은 없었다. 판관은 천신에게 정당방위에 관한 판결을 상신했고 천신은 즉시 승인, 지상에 공표했다.

바다는
바람이 일어도
걱정하지 않는다.

9. 우리 시대는 계층 문제를 충분히 고려하고 있는가

오후의 태양이 천신의 언덕을 비추고 있을 즈음, 작은 회사에 다니는 평범한 삶을 사는 자가 천상의 판관에게 말했다.

"저와 같은 평범한 사람에게는 해결되지 않는 문제가 있습니다."

"그래, 무엇이 문제이냐?"

"자신이 남과 다르다고 생각하는 오만한 사람들이 주변에 있다는 것입니다. 제가 보기에는 다른 것이 하나도 없는데 마치 계층을 구분하듯이 다른 사람들을 무시하는 듯한 태도를 보입니다."

"네가 오해하는 것은 아니냐? 지상의 계층은 이미 사라진 지 오래지 않느냐?"

"물론 그렇습니다만, 보이지 않는 계층이 지상에는 아직 존재합니다. 의사나 검사는 자신의 뛰어난 두뇌와 함께 자신의 조직을 통해 다른 계층보다 자신들이 우위에 있다고 생각합니다. 의사나 검사는 자신들이 사람들의 건강을 증진시키고 공동체를 유지시킨다고 착각하고 있습니다. 단지 그들도 돈을 받고 그만큼 일하는 다른 평범한 사람들과 다를 게 전혀 없는데 말입니다. 대기업 사장은 자신의 돈으로 직원을 고용하기 때문에 회사 직원들을 자신이 먹여 살린다는 어처구니없는 착각 속에서 자기 자신을 다른 특별한 계층이라고 착각합니다. 신문사를 경영하는 장사꾼 사장은 자신이 마치 국가의 자유를 수호한다는 착각 속에서 자신의 계층을 만들어 놓습니다. 이들뿐 아닙니다. 별것 아닌 적은 힘만 가지고 있으면 지상의 사람은 모두 자신을 특별한 계층으로 만들려고 혈안이 되어 있습니다."

"그래, 대학과 직업 서열 문제에 대해 판결을 하면서 약간 그런 느낌을 받았다만, 지상의 계층화가 심각한가 보구나. 뭐, 자신에 대한 자존감을 가지는 것까지는 봐줄 만하다만 자신을 특별히 다른 부류의 사람이라고 생각하는 것은 그대로 내버려 둘 수는 없지. 그래, 네 생각은 어떻게 하면 자신의 계층을 만들려는 오만과 거만한 자들을 줄일 수 있겠느냐?"

"저 같은 힘 없는 사람이 무엇을 할 수 있겠습니까?"

"그래도 무언가 억울했다면 그것을 바꿀 방법에 대해 생각은 해봤을 것 아니냐?"

"계층을 없애려면 사람들의 마음속에 있는 지배욕, 권력욕이 사라지지 않으면 안 된다고 생각합니다. 하지만 사람들이 지배욕이나 권력욕에 사람들이 왜 그렇게 집착하는지 그 이유를 저는 잘 모르겠습니다."

"지상의 생명체는 모두 나이가 들면 약해지고 병들고 죽게 되어 있다. 이 운명적 비참함에 대하여 그것을 잊게 할 무언인가를 찾게 되는데 그것이 지배와 권력이다. 이것은 자신의 운명적 비참을 생각할 시간을 주지 않기 때문이다. 어쨌든, 사람들을 무시하는 듯한 태도를 가진 자들이 가지는 구체적 예를 한번 들어 보거라."

"의사, 검사, 대기업 사장, 언론사 사장 등 모두 비슷합니다. 예를 들면 자신들의 지위에 대한 특권 의식이 강해 보통 사람들이 불편함을 아무리 호소해도 자신의 특권이 줄어들까 걱정하여 자기 직업 전공자 수를 늘리는 것을 반대하는 의사들 이기심 때문에 몇 시간씩 기다렸다가 1분도 안 되는 진료만 보는 일이 비일비재하고 지방에서는 제대로 된 병원과 의사도 확보하기 어려운 지경입니다. 그들의 특권 의식을 사람들이 왜 들어주어야 하는지 모르겠습니다. 또한 검사들은 아직 경험과 나이에서 어린 자들이 마치 자신이 무슨 큰 벼슬을 한 것처럼 자신보다 경험 많고 존경받을 만한 사람들의 작은 잘못을 찾아내어 그것을 빌미로 그들의 삶을 망가뜨리기도 합니다. 무엇보다 죄를 기소하는 권한을 가지고 있기 때문에 자신들의 잘못은 덮고 넘어가 그 거만함과 오만함에서 풍기는 악취로 옆에 있으면 숨쉬기 어려울 정도입니다. 대기업 사장들은 돈을 조금 많이 가지고 있다는 사실에 자신이 무언가 뛰어나 보이는지 자신이 고용한 사람들을 자신보다 열등한 인간 취급을 하기도 합니다. 그것뿐 아니라 돈으로 범죄를 경감시키려 하고 돈으로 사람을 협박하고 돈으로 고귀한 이웃들을 망신 주고 돈으로 즐거움과 쾌락을 사며 돈으로 사람을 지배하려 합니다. 검사 저리 가라 하는 악취가 나지요. 이와 비슷하게 언론사 사장들은 자신이 가진 여론을 움직이는 힘을 이용하려는 무리와의 유착으로, 더러운 특권을 누리려는 시도가 끊이지 않습니다. 특히 언론은 어떻게 보도하느냐에 따라 사람들을 동조시키는 힘이 있어 다수를 기만하는 일을 할 수 있기에, 절대 그대로 내버려 두어서는 안 된다고 생각합니다."

"음, 들어보니 그대로 지나가기에는 특권을 가진 사람들의 횡포가 적지 않아 보이는구나. 그래도 그들 나름의 생각도 있을 테니 그들의 생각도 들어보기로 하자. 사자는 즉시 의사, 검사, 대기업 사장, 언론사 사장들을 데리고 오너라."

판관의 명에 따라 사자는 각 분야에서 성공한 사람들 몇 사람씩 데리고 왔다. 오면서 내용을 들은 그들은 말도 안 되는 거짓으로 자신들의 명예를 실추시켰다고 화를 내며 불만에 가득 찬 채 천신의 언덕에 도착했다. 그중 큰 병원에서 근무하고 있는 저명한 의사가 먼저 의사들을 비난하는 사람들의 무지를 탓하면서 이렇게 말했다.

"사람들이 참 무지하군요. 의사가 되기 위해서는 대학에 들어와 그때부터 10년 공부가 필요합니다. 보통 10년이면 모든 분야에서 박사학위를 딸 수 있는 기간입니다. 의대에 들어올 수 있는 실력이면 대부분이 최고의 실력자들이기 때문에 졸업하면 대학교수, 인기 공기업의 최고 공무원, 기업에 가더라도 핵심 인재로 성공을 보장받는 인재들입니다. 의사로서 다른 일반 대졸자보다 5~6배 많은 연봉을 받는 것은 의사가 되기 위한 평생의 노력을 생각하면 전혀 불공평한 대우가 아니며 또 의사들은 그 같은 대우와 특권을 요구할 만하다고 생각합니다. 그리고 이러한 의사 계층에 대한 존경심은 환자의 치료에도 도움이 될 수 있습니다."

"그래, 네 생각은 알겠다. 네가 원하는 것은 더 많은 돈을 버는 것이구나. 그렇다면 돈을 더 많이 버는 일을 하는 것이 좋지 않겠느냐? 네가 원하는 것은 돈도 많이 벌고 특별한 계층으로 존경도 받고 싶어서 그러는 것 아니냐? 수단 방법을 가리지 않고 돈을 버는 직업을 가지던가 존경까지 받고 싶으면 자신의 특권 의식을 버리던가 해야 할 것이다. 돈도 많이 벌고 자신의 지식을 이용해 타인에게 권위를 세우려고 하는 것은 천상의 신이 용서하지 않는 일이다. 너무 욕심이 많고 타인을 경시하는 태도를 가지는 것은 천상의 제 1 금기사항이기 때문이다. 네가 그런 생각으로 산다면 지상에서는 어찌어찌 대접받고 살지 모르겠으나, 죽는 순간, 너는 그 죗값을 혹독히 치러야 할 것이다. 다시 한번 말하지만 돈도 벌고 존경도 받으려는 생각은 꿈도 꾸지 말라."

이번에는 한 거만한 태도의 검사장이 이렇게 말했다.

"판관님의 판결에 약자들의 음모가 들어가서는 안 됩니다. 저들은 자신이 노력하지 않고 자신의 능력 부족을 인정하지 않으면서 타인들이 피나는 노력과 능력으로 이루어낸 것들을 강탈하려 하고 있습니다. 저들은 평등이 무엇인지도 모르면서 평등이라는 이름 아래 무조건 타인의 것을 빼앗아 똑같아지려 합니다. 그들의 말을 들어주다 보면 지상은 약자들로, 게으르고 나태한 자들로 가득 찰 것입니다. 저들은 우리를 거만함과 오만함에서 풍기는 악취로 가득하다고 하지만 그렇게 하지 않으면 한비자나 마키아벨리 생각대로 세상은 더욱 악하게 바뀔 것입니다. 우리를 거만하다고 하는데 저들에게 힘을 주어 보십시오. 플라톤의 리디아 사람처럼 우리보다 훨씬 더 악취를 풍길 것입니다. 다시 말하지만, 지상의 사람들은 강하게 다루지 않으면 어느새 그들에 의해 모두가 초라한 약자로 몰락해 있음을 발견할 것입니다. 그들은 어리석기까지 하므로 그들에게 힘을 내어주면 세상은 돌이킬 수 없는 악의 혼란에 빠질 것입니다."

"강자들의 특권 계층화는 지상 세계를 유지하기 위해 꼭 필요한 것인데, 약자들의 음모로 그것을 전복, 파괴하려 하니 조심하라는 말이구나. 너희들이 정말 지상 세계를 유지하는데, 즉 정의를 지키고 자유를 수호하며 평등을 유지하는데 중요한 역할을 한다고 생각하느냐?"

"물론입니다. 저희 검사 계층마저 무너진다면 누가 그것을 지키겠습니까? 정치인들은 믿을 수 없다는 것은 잘 아시지 않습니까?"

"그럼, 너희가 어떤 정권, 어떤 정치가, 어떤 대통령보다 한 수 위란 이야기구나."

"부정은 하지 않겠습니다. 어쨌든, 우리만이 지상 사람들을 지킬 수 있다는 말입니다."

"네 말을 듣고 보니, 확신이 섰다. 검사 특권 계층은 없애버려야겠다."

"무슨 말씀이십니까? 지상의 정의, 자유, 평등을 우리가 지켜내겠다는데 그런 계층을 도와주시지는 못할망정 없애버리시겠다니요? 이해할 수 없습니다."

"너희들 검사들의 오만과 거만이 하늘을 찌르는구나. 자신이 그렇다는 것을 알지도 못하고 있으니 어찌 내가 내버려 둘 수 있겠느냐? 너희들은 인간이 타인의 정의, 자유, 평등을 지켜줄 수 있다고 생각하느냐? 어림없는 생각이다. 그것은 신의 영역이다. 그리고 신만이 모든 개개 인간들이 정의, 자유, 평등을 갖도록 유도할 수 있다. 어떤 철학자나 교육자를 통해 조금 도와주기는 하지만 일개 검사들 따위가 사람의 정의, 자유, 평등을 지켜준다고 하니 어이가 없어 할 말을 잃을 정도이다. 그런 생각을 하고 있으니 다른 사람들을 경시하고 마치 자신이 무엇이나 된 것처럼 뻐기고 다니는 것 아니냐? 지상의 좀 똑똑하다고 하는 자들은 모두 그냥 보아 넘길 수가 없는 상태에 빠져 있구나. 이번에 천상의 판관으로서 천신에게 상신하여 내가 반드시 바로잡아야겠다."

이때, 대기업 사장이라는 자가 판관 앞으로 나와 자신의 말을 들어보라고 하면서 이렇게 말했다.

"지금 판관님은 지금의 불평등한 계층 구조가 힘 있는 자 또는 부자들 탓이라고 생각하시나 본데 그건 잘못 생각하신 겁니다. 지상의 불평등은 특권이 있는 우리에게 있는 것이 아니라 '특권이 바로 불평등을 일으킨다'는 것입니다. 지금 계층에 의한 문제를 제기하는 자들도 자신이 특권이 생기면 언제라도 상위 계층이 가지는 특권을 제일 먼저 누리려고 할 것입니다. 그리고 판관님이 맘에 들어 하지 않는 그 불평등적 특권을 얻기 위해 사람들은 노력하고 또 노력하여 자신과 세상을 발전시키는 것입니다. 그렇게 특권을 위해 노력하는 사회 구조가 아니었다면 지상은 지금처럼 발전하지 못했을 거라는 것은 판관님도 잘 아시지 않습니까? 저도 돈을 벌어 얻는 특권이 없었다면 아마도 그렇게 노력하지 않았을 것입니다. 그렇게 힘들여 얻은 특권을 좀 누리는 것이 무엇이 잘못입니까?"

"네가 특권을 누리는 것은 내가 상관할 바 아니다. 네가 맛있고 비싼 음식을 사 먹던, 엄청나게 좋은 집에서 살던, 수백만 원, 수천만 원짜리 옷을 입던, 매일 놀고먹으며 호화 여행을 다니건, 천상의 신, 그리고 나는 절대 관여하지 않고 앞으로도 관여하지 않을 것이다. 내가 허용하지 않는 것은 네가 가진 특권으로 다른 사람을 경시하거니 무시하는 행태이다. 네가 무슨 변명을 하든, 어떤 논리를 가지고 이야기하든 이것은 천상의 신이 각 개인에게 부여한 절대 권리를 침해하는 것이기 때문에 네 생각은 받아들여질 수 있는 성질의 것이 절대 아님을 명심해라. 그리고 신문사 사장이라는 자는 왔느냐? 너도 할 말 있으면 해 보아라."

"저 또한 국가의 정의를 위해 내 모든 것을 걸고 살아 온 만큼 그

가치를 계속 지키는 일을 하기 위해 저에게 부여된 계층적 특권이 필요하다고 생각합니다만, 판관께서 이미 그것은 불가능하다 하셨으니 더 할 말은 없습니다. 하지만 지상 사회는 특권이 권위를 주고 그 권위가 있어야 사람을 통제할 수 있음을 고려해 주셨으면 합니다."

"너희들, 특권이 있는 자들은 모두 한결같이 도저히 그 특권을 포기 못 하겠나 보구나. 참 측은한 생각이 드는구나. 할 수 없이 강제적인 판결을 천신께 올릴 것이니 조금 후 게시되는 판결을 보고 이의가 있으면 고하도록 하라."

특권을 가진 계층의 사람들은 자신에게 어떤 불이익이 있을지를 초조하게 기다렸고 잠시 후 판관은 판결문을 게시했다. 판결문을 본 특권 계층의 사람들은 이는 어떤 독재 정권에서도 볼 수 없는 판결이며 이는 민주주의 원칙에 위배된다고 하면서 판관에게 즉시 이의를 제기했다.

"갑자기 의사 정원을 3배로 늘리면 의사들은 수입이 그만큼 줄어드는 것 아닙니까? 지금까지의 수입에 맞추어 주거 등 모든 것이 정해져 있는데 어떻게 그렇게 판결할 수 있습니까?"

"지금 정원을 3배 늘려도 의사가 되기까지는 10년은 걸린다. 그 사이에 너희들이 살길을 찾으면 되지, 무슨 걱정이냐? 치킨 가게나 카페들도 경쟁 속에서 살고 있지 않느냐? 너희들 의사라고 치킨집 사장이나 카페 사장과 다를 게 무엇이냐? 내가 보기에는 그들 중 인간의 품성 측면에서는 너희보다도 훌륭한 사람들이 훨씬 많다. 이는 검사, 변호사의 경우도 마찬가지이다. 아직도 정신들을 못 차리는

「계층 문제」에 대한
판결문

특정 계층의 특권 의식에 의해 일어나는 문제점들을 해결하기 위해 아래와 같이 판결한다. 국가는 이를 1개월 안에 즉시 시행하고 모든 관계 법령을 개정할 것을 명한다.

1. 의사 또는 검사와 같은 다른 사람에게 영향력을 끼칠 수 있는 직업은 특권 의식을 절대 느낄 수 없도록 그 수를 현재의 3배 이상으로 늘려 일반 음식점이 친절과 맛으로 경쟁하듯 서로 실력으로 경쟁하도록 그 정원을 즉시 대폭 확대한다.

2. 특권을 이용할 수 있는 대기업 사주들이나 신문사 사주들이 돈과 정보로 특권을 누리려고 한다면 즉시 그들의 모든 재산을 국가가 압수하고 전문 경영인을 세워 해당 회사를 경영토록 한다.

3. 이에 대하여 이의를 제기하는 자는 30년 이상의 징역형을 예외 없이 선고하고 반드시 즉시 집행한다.

4. 계층 특권 의식 처벌과 관련한 위 판결은 지상에서 100년 동안 우선 실시하며 법 개정은 그 이후에만 가능하다.

천상의 판관

구나. 다른 이의는 없느냐?"

"저는 대기업 사주인데 재산 몰수라니 무슨 말입니까? 제 재산은 수십조 원인데 그것을 제가 사람들을 한두 번 무시했다고 재산을 전부 몰수하다니요? 그것은 개인의 재산을 보호해 주어야 하는 국가가 오히려 개인의 소중한 재산을 강탈하는 것 아닙니까? 만일 그렇다면 국제 재판까지 가서 법 집행을 못 하도록 소송을 하겠습니다."

"네가 지금 내가 누군지 모르나 보구나. 나는 천상의 판관이고 내 판결에 천신의 승낙만 떨어지면 전 우주의 법이 정해지는 것이다. 국제 소송을 해도 이미 모든 세상의 법은 바뀐 상태일 것이다. 쓸데없는 일 하지 말라."

"하지만 그건 너무 한 것 아닙니까? 그만한 일로 평생 노력한 결과를 모두 몰수하다니요?"

"그만한 일이라고 했느냐? 나에게는 네 수십조 재산보다 네 집을 청소하는 청소부의 존엄성이 천 배의 가치가 있다. 천신이 주신 평등한 존엄성이기 때문이다. 네 재산 수십조는 천상에서 보면 티끌만큼도 중요하지 않다. 다른 이의는 없느냐?"

"저희 신문사 사주들은 대기업처럼 돈으로 사람들을 무시하지도 않는데 왜 특별히 저희를 따로 지목하시는 겁니까?"

"몰라서 묻는 것이냐? 스스로 한 일들을 생각하면 알 것 아니냐? 너희들이 사람들에게서 특권을 누리려 한 행동들로 죽음의 순간 이후 수십 겁 동안 너희들의 심장은 바늘로 찔리고 몸은 조금씩 불태

워질 것이다. 죽기 전에 스스로 알아서 자신의 일을 반성하고 고치려고 노력해야 조금은 지옥의 고통이 줄어들 것이다. 너희가 한 일들은 돈으로 무시한 것과 다를 바 없는 극악무도한 짓들이다. 더 이상 대답할 가치도 없으니 물러가라."

판관의 판결문은 천신께 상신되었고 천신은 반드시 그리고 즉시 시행하라고 다시 강조하면서 승인했다.

자신이 사람들보다 우월해 보이면
행복과 멀어진 것이다.
행복은 가장 낮은 곳에 있기 때문이다.

10. 우리 시대의 제사, 결혼, 장례 문화는 적절한가

한 여인이 주저하면서 작은 문제인데 판관께 여쭈어도 될지를 물었다.

"그래, 우선 큰일을 처리해야 하지만, 용기를 내어 물었으니 한 번 이야기 해 보아라."

"다름이 아니라, 저희는 너무 가난하여 제사를 지낼 형편이 잘 안 되는데 어찌하면 좋을지 몰라 여쭈어봅니다. 주변에서 제사를 안 지내면 조상에 대한 정성이 부족하고 벌을 받아 인생에 어려움이 생길 거라고 하는데 어찌해야 하는지 모르겠습니다."

"별것이 다 걱정이구나. 제사는 지내도 좋고 안 지내도 좋은 것이다. 천상에 있는 너희 부모나 조상들은 너희들이 올리는 제사상 음식을 먹는 것이 아니라 너희들이 화목하게 잘 지내는 것을 보고 즐거워하는 것이다. 너희들이 준비하는 음식은 제사를 지내면서 너희들이 잘 먹으면 되는 것이다. 형편이 안 되면 안 지내면 되는 일이다. 제사 안 지낸다고 벌 받거나 잘못될 일 없으니 마음 푹 놓거라."

이때, 오랫동안 유교를 가르치고 있는 한 학자가 앞으로 나와 판관에게 이렇게 말했다.

"지상의 세계는 전통을 지킴으로써 국가의 기강과 미래가 유지됩니다. 유교는 500년 이상 지켜온 우리 전통이며 이것이 무너지는 순간 국가의 힘도 같이 무너져 내릴 것입니다. 제사는 관혼상제 중 가장 중요한 덕목이며 조상을 공경함으로써 그들의 업적을 기리고 그 행실을 모방함으로써 자신의 발전과 함께 가족과 친척들의 유대감도 강화되는 가장 중요한 전통입니다. 이를 형편이 어렵다고 그냥 지나쳐 버리는 것은 있을 수 없는 일입니다."

"네 말 중 틀리지 않은 말이 있기는 하다. 그것은 바쁜 지상의 생활에서 그런 모임을 통해 가족 간의 유대를 유지해 주는 긍정적 역할이다. 그런데 문제는 그것을 돌아가신 너희들의 부모나 조상들은 별로 좋아하지 않는다는 것이다. 가족끼리 모이는 것은 좋으나 3살짜리 아이들도 알 것 같은 죽은 부모와 선조들이 건드리지도 못할 음식들로 가득 상을 채우고 그것을 채우지 못하면 부끄러워하고 마음 아파하는 참으로 웃지도 못할 코미디 같은 일들을 일 년에도 몇 번씩 해대고 있으니 너희 부모님이나 조상들이 제사를 좋아하겠느냐? 너희들 맛있게 먹을 저녁을 식사 시간에 맞추어 준비하고 그대로 먹기 전에 부모를 생각하여 절을 하는 것까지는 괜찮다. 수백 년 전, 먹을 것이 귀했던 시기의 '지금은 잘 먹지도 않는 음식'을 준비하는 웃지 못할 일을 하는 너희들을 지상에서 보고 있노라면 도대체 어쩌다 그렇게 어리석어졌는지 기가 찰 뿐이다."

"그래도 제사상이란 홍동백서, 어동육서, 동두서미를 지키며 각종 고기, 생선, 전, 나물, 과자를 올려야 하는 법입니다. 전통을 지키려 하는 제사인데 그 방법을 지키지 않으면 무슨 소용이 있습니까? 이는 공자께서 말씀하신 예를 지키는 기본입니다."

"지금 공자라고 했느냐? 알겠다. 사자는 지금 천상으로 가 공자 선생을 즉시 이리로 모시고 오너라."

천상의 사자는 하늘에서 쉬고 있는 공자를 판관의 명으로 즉시 천신의 언덕으로 불러들였다. 공자는 판관 앞에 나가 머리 숙여 예를 취한 후 무슨 일인지 물었다.

"공자 선생이구나. 궁금한 게 있어 이리로 오라 했다. 네가 제사를 지낼 때, 홍동백서, 어동육서, 동두서미를 지키며 각종 고기, 생선, 전, 나물, 과자를 올리라고 했느냐?"

"그게 무슨 말입니까?"

"네가 살아 있을 때 주장했던 유학을 연구하는 자가 네가 그렇게 하라고 했다고 하길래 무슨 생각으로 그렇게 말했는지 알고 싶어 불렀다. 정말 그렇게 말했느냐?"

"아니, 내 철학을 연구했다는 자가 그런 말을 했다는 말입니까? 저는 홍동백서, 어동육서, 동두서미란 말을 지금 처음 들어봅니다. 저자들이 나를 팔아 쓸데없는 예절을 만들고 그것을 바탕으로 그 예를 올릴 수 없는 사람들을 핍박하는 수단으로 사용했나 봅니다. 참으로 몹쓸 자들이군요. 내가 저들이 천상으로 오면 단단히 버릇을 고쳐 주겠습니다."

"그럼, 지상의 사람들이 제사는 어떻게 지내면 되겠느냐?"

"네, 평소 먹는 음식으로 전갈하게 준비하면 되고 제사는 부모만 지내면 됩니다. 조부모부터는 지낼 필요 없습니다. 자기 자식이 차려 주는 것 이상으로 천상에서 받을 수 없는 것은 판관님도 아시지 않습니까? 그리고 추석이나 설에는 쓸데없는 제사 지내지 말고 즐거운 명절만을 즐기는 것이 유교 그리고 제 생각과 일치합니다."

"알았다. 역시 지상의 인간들은 참으로 어리석은 면이 없지 않구

나. 더욱 한심한 것은 그것을 전통을 지키는 대단한 일이라고 생각하고 있으니 정말 문제이구나. 자네는 다시 천상으로 가보도록 하라."

공자가 천상으로 돌아가자 판관은 지상의 유교 학자에게 다시 물었다.

"너는 지금 내가 공자 선생하고 하는 말을 들었느냐? 더 할 말 있으면 해 보거라."

지상의 유학자는 더 할 말을 찾지 못해 사람들 사이로 뒷걸음질쳐 사라져갔다. 이때, 결혼을 앞둔 젊은 남녀가 앞으로 나와 판관에게 이렇게 말했다.

"판관님, 저희는 결혼을 앞둔 연인들입니다. 결혼하려는데 너무 복잡합니다. 우선 부모가 허락을 해야 하고, 허락해도 무슨 관례라고 하면서 한 번도 보지 못한 시댁 식구들한테 선물을 하라고 하고, 명절 등 방문 시에도 시댁 중심으로 모든 일을 해야 하고, 여자는 남자와 같은 일을 하면서 집안일도 더 많이 하도록 강요 받고, 결혼하면 여자가 남자 쪽의 가족이 되도록 강요받고 있습니다."

"참 요상한 결혼 풍습이구나. 결혼하는데 왜 부모의 허락을 받아야 하는지 모르겠고, 선물은 왜 하며, 왜 시댁 중심으로 살아가야 하는지, 이상한 나라에 살고 있구나. 그런데 모든 걸 무시하고 사랑하는 너희 둘이 알아서 살아가면 될 것 아니냐?"

"하지만, 지금 살아가기 위해서는 신혼집이 필요한데, 집을 부모님이 도와주기 때문에 그분들의 말을 무시할 수는 없습니다."

"그렇다면 이야기가 다르구나. 너희들도 받을 건 다 받고 하고 싫은 대로 하겠다는 말 아니냐. 너희들 하고 싶은 대로 살려면 전혀 도움을 받지 않고 스스로 살아가야 할 것이다."

"그렇군요. 저희가 욕심을 부린 대가이군요, 알겠습니다. 그런데 우리가 그렇게 산다면 거의 부모들과 인연을 끊고 살아야 하는데 부모님께 지금까지 신세만 졌는데 그건 조금 너무 한 것 아닐까요?"

"그건 할 수 없지 않느냐. 진심을 보이면서 관계를 회복 시켜 가며 사는 수밖에 없다."

이때, 지금까지 모든 판결을 들어 왔던 소년이 판관에게 이렇게 말했다.

"그것은 지금 꼭 결혼을 앞둔 사람들만의 문제는 아닙니다. 이 문제는 이미 결혼해서 친척으로서 관계를 맺고 살아가는 모든 사람들의 문제입니다. 남자와 시댁 중심의 문화가 이곳 동쪽 지상에 만연해 있어 여자들이 힘든 나날을 보내고 있습니다. 판관님 말씀대로 인연을 끊고 아무 도움도 받지 않으면서 마음대로 사는 것도 한 방법이지만 지상의 남자, 시댁 중심의 문화를 바꿀 수 있는 강제적 판결을 해주시는 것이 더 근본적 해결책일 수 있을 것 같습니다. 이와 함께, 젊은 사람들도 부모 도움 없이 독립적으로 살아가도록 모든 국가 시스템이 바뀌어야 할 것 같습니다."

"음, 네 말이 일리가 있구나. 지금의 세태는 부모 세대의 어리석은 관습과 젊은 세대의 부모 재산 덕을 보려는 우매한 욕심이 만든 요상한 현상이라는 말이구나. 알겠다. 내가 그런 어리석고 우매한 욕심을 부리지 못하도록 하는 따끔한 판결을 천신께 올리겠다."

판관의 말이 떨어지자, 한 나이 든 사람이 판관에게 다가서 이렇게 말을 시작했다.

"천상의 판관께서 이런 가족 간의 작은 일에 나서다니 그건 아니지 않습니까? 자기 자식에게 집이나 재산을 나누어주고 아이들이 편안히 잘 살도록 도와주는 것이 무슨 잘못입니까? 그리고 그렇게 도와주는 이유가 아이들이 부모 말을 조금 고분고분 듣게 하고 효도를 조금 받겠다는 것인데, 이 또한 큰 잘못은 아니지 않습니까?"

"그래, 네 말대로일지도 모른다. 네가 보기에는 그것은 아주 작은 일로 천상의 판관인 내가 천신께 상신하기 부끄러운 일이라고 생각할지 모른다. 그런 일이 너한테만 일어난다면 말이다. 하지만 지금의 문제는 그렇게 작은 일들이 아주 많은 가족들 사이에서 일어나고 있어서 그것들이 모두 모이면 지상의 삶이 엉망이 되어 버리기 때문에 내버려 둘 수 없는 것이다. 너만 그런 것이라면 내가 나서지 않았을 것이다."

"그렇긴 하군요. 하지만 다수 보편적 현상이긴 해도 그 일이 작은 일인 건 맞지 않습니까? 이런 작은 일은 지상 사람들에게 맡겨놓으시면 우리가 알아서 최선의 대책을 세워나갈 것입니다."

"그것이 정말 작은 일이라고 생각하느냐? 너희들이 아이들에게 편히 살 수 있는 집이나 재산을 물려주는 것이 정말 괜찮다고 생각하느냐? 모든 부모가 자식들에게 어떤 재산도 물려주지 못하게 하는 세상, 아이들이 대학 입학 이후 자신의 삶을 하나에서 열까지 자신이 알아서 해야 하는 세상이 너희에게 그리고 우리 사회에 더 좋지 않겠느냐? 지금 너희가 악취 나는 오물을 너희 아이에게 준다고 생각하지 않느냐? 하늘의 판관인 내가 보기에 너희들 유산은 더러운 냄새 가득한 오물로 밖에는 보이지 않는구나. 너희 아이들은 그 더러운 오물을 먹느라, 신선한 자신의 노동을 통해 조금씩 벌어들이는 깨끗하고 향기로운 수확을 모두 잃어버리고 있다. 그것이 작은 일이냐? 너희들은 전통과 유학을 존중한다면서 거석홍안(巨石紅顏)이라는 말도 모르느냐? 자신이 무엇이든 직접 함으로써 비로소 자신의 얼굴이 비로소 바로 서는 것이다. 너희는 그 잘난 재산을 물려주어 자식들을 망치고 있는 것이다. 그리고 자식들이 고분고분 효도하게 하는 것이 무슨 큰 죄라고 하였느냐? 천신이 천부 인권은 아무리 부모라도 그것을 손상하면 죽음의 시간 이후 천 겁의 고통을 받을 것이다. 이 세상 누구도 복종시킬 수 없고 이 세상 누구에게도 복종하지 않는 것이 천상의 명령이다. 이를 어긴다면 너는 가장 중요한 천상의 제 1 명령을 어기는 것이다. 그것이 자신의 자식이라도 예외는 없다. 알겠느냐?"

천상의 제 1 명령이라는 말에 모여든 다른 모든 사람은 그 말을 따를 수밖에 없었다. 이번에는 부모의 장례에 대해 걱정하고 있는 가난한 노동자가 판관께 예를 해치지 않으면서 간단히 할 수 있는 장례 절차에 대해 이렇게 물었다.

"저희는 가난해서 아버님의 장례가 걱정입니다. 묘를 파서 봉분을 만들어 정식 무덤을 만들면 좋겠지만, 돈이 없어 땅을 살 수가 없습니다. 그리고 화장 후 유골함을 보관하는 봉안당도 최소 수백만 원이 들어 이를 준비할 수도 없습니다. 다른 좋은 방법을 알려주시기를 부탁드립니다."

"음, 가난하구나. 가난하면 조금 불편하겠지만 부끄러울 것은 없다. 지상은 부끄러워해야 하는 파렴치한 사람들로 가득 차 있어 화가 날 지경이다. 내가 방법을 알려 주겠다."

"네. 감사합니다. 알려주시는 대로 하겠습니다."

"우선 화장은 해야 할 것이다. 최소한의 비용으로 화장한 후에 가장 싼 그릇 하나만 준비하거라. 그곳에 유골을 담고 가까운 산에 가서 그냥 나무에 거름을 주는 셈 치고 산에 뿌리거라. 그것으로 끝이다. 그 산이 너의 부모가 묻힌 곳이 될 것이니 그 산을 더욱 소중히 여길 것이고 너희들이 찾아가기도 쉬울 것이다. 너희 부모는 산 전체에 퍼져 있을 테니 그 산 어느 곳에 가도 너희 부모가 묻힌 곳이 될 것이고 산 전체가 봉분이 되는 것이다."

"그렇게 산에 골고루 뿌리면 정말로 거름이 되겠군요. 그런데 그렇게 하면 돌아가신 영혼에 예를 갖추지 않는 것은 아닙니까? 보통 상여를 한다든지 하여 하늘로 가시는 길을 화려하게 해 드리는 것이 망자에 대한 예를 갖추는 것 아닙니까?"

"죽어 망자가 되면 그것으로 충분히 기쁘고 좋은 일이라 지상의 다른 좋은 것들은 아무 필요 없다. 오히려 예를 갖추는 것이 자식들을 번거롭기만 만들어서 망자에게는 부담만 될 뿐이다. 망자에게는 너희들이 잘 살아가겠다는 인사만 필요할 뿐이다. 그들에게는 아무런 예도 필요 없다."

이 말에 장례에 대해 다른 생각을 가진 어떤 자가 판관 앞에 나서서 이렇게 말했다.

"그래도 저승 가는 길에 노잣돈도 필요하고 편히 가기 위한 준비도 필요한데 아무것도 필요 없다고 하심은 너무 망자를 방치하는 것 아닙니까?"

"넌 내가 누군지 잘 모르는구나. 내가 망자들을 보살피는 천상의 판관이다. 지상 사람인 네가 나한테 그런 말을 하다니 참으로 어리석다. 망자가 지상으로부터 이곳 천상으로 올 때 건너는 강에서 지상의 모든 것은 그 강물에 녹아 없어진다. 입고 있는 모든 것, 가지고 있는 모든 것은, 황금 장식물이라 하더라도 강물만 더럽힐 뿐이다. 내가 이렇게 죽음의 과정을 조금 알려주니, 장례 절차를 통해 돈을 벌려는 종교인들이나 관련 사업을 하는 자들은 빨리 다른 돈벌이 수단을 찾아야 할 것이다."

"하지만 부처님의 가르침을 가르치는 절에서도 망자를 위한 제사는 성대하게 지내고 있지 않습니까?"

"지상의 사람들이 부처의 가르침을 욕되게 하는구나. 부처의 가르침은 삶과 죽음에 구분을 두지 않는다. 그리고 육신의 죽음은 즐거움의 기원이라고 가르치거늘 무슨 뚱딴지같은 말을 하는 것이냐. 조금 전 말한 것처럼 절에서 돈벌이 수단으로 지상의 어리석은 사람들을 이용하는 것뿐이다. 그런 절들 사람은 이곳에 오면 부처로부터 지옥의 형벌을 받게 될 것이다. 쓸데없는 소리 말라."

판관은 지상의 어처구니없고 의미 없는 관습들에 대하여 판결문을 만들어 게시하고 천신에게 상신을 준비했다. 지상 사람들은 판결문을 환영하기도 하고 불평하기도 하면서 앞으로의 세상에 대해 말했다. 판결에 이의를 가진 사람들이 판관이 있는 곳으로 몰려가 판결문을 수정해 달라고 요구하면서 이렇게 말했다.

「제사, 결혼, 장례 문제」에 대한
판결문

제사, 결혼, 장례의 과정에서 일어나는 문제점들을 해결하기 위해 아래와 같이 판결한다. 국가는 이를 1개월 안에 즉시 시행하고 모든 관계 법령을 개정할 것을 명한다.

1. 제사는 같은 날에 부모 제사만 지내며 평상시의 음식으로 진행한다. 조부모부터는 제사를 금지한다. 명절에는 차례(제사)를 지내지 않는다. 모든 제사 준비는 남자와 여자가 함께 한다.

2. 결혼 시 모든 예단을 금지하며 각 집에서 하객 20명 이하만 초대하는 등 최소화하여 과소비를 불허한다. 축의금도 금지한다. 모든 일에 처가와 시댁을 구분, 차별하지 않는다. 부모는 자식에게 결혼 자금을 지원할 수 없고 자식의 결혼을 간섭할 수 없다. 자식은 대학 3학년부터 모든 학비와 생활비를 스스로 해결해야 한다.

3. 장례는 화장하여 직계 가족만 참석하여 거름이 되도록 주의해서 주변 산에 묻도록 한다. 그 외 모든 장례 절차는 금지한다. 조의금도 금지한다. 절, 성당, 교회 등 종교 시설에서의 장례 및 제사 진행도 일절 금지한다.

4. 이를 어기면 관계자는 모두 예외 없이 3년의 징역형에 처하며 이 판결은 100년 동안 개정하지 못한다.

천상의 판관

"우리 지상의 동쪽 나라에서는 효를 도덕의 근간으로 하여 오랫동안 살아왔습니다. 제사는 효의 일부로 부모의 사랑과 은혜를 잊지 않겠다는 선한 의지의 표출 전통입니다. 그것이 무엇이 문제이길래 그것을 못 하게 막으시는 건지 이해할 수가 없습니다."

"너는 효가 무엇이라 생각하느냐? 효는 자신이 받은 사랑을 부모에게 돌려주는 것이다. 그런데 죽은 망자는 그것을 받을 수 없다. 효는 살아 있을 때만 가능한 일이다. 제사를 효와 연결 짓지 말라. 그리고 문제의 본질은 필요 없는 노력을 없애자는 것이다. 그 쓸데없는 노력이 우리의 생활을 어렵게 만들고 갈등을 일으킨다면 당연히 그것은 지상의 문화에서 사라져야 할 것이다. 그렇게 지상에서 제사를 지내는 문화는 너희 국가 포함, 몇 나라밖에 없지 않느냐? 제사를 지내지 않아도 큰일 날일 없으니 걱정하지 말라. 그리고 추석과 설날 같은 명절은 그야말로 즐겁게 지내는 축제 기간이니 차례 같은 어리석은 제사는 잊어버리고 즐거운 지상의 축제를 즐기도록 하라."

"제사는 그렇다고 하더라도 결혼식마저 그렇게 강제적으로 간소화하는 것은 그 이유가 무엇입니까? 축의금도 받지 못하게 하면 결혼식 비용은 어떻게 하며 지금까지 살면서 제가 지불했던 축의금은 돌려받을 수 없지 않습니까? 사람에 따라 넓은 인맥으로 축하해주려는 사람이 많을 수도 있는데 좋은 일까지 그렇게 억제할 필요가 있습니까? 판결문을 수정해 주시기를 부탁드립니다."

"네가 지불했던 축의금이 아까워서 그러느냐? 축의금은 결혼식 비용을 위해 사용되는데 결혼식이 간소화되니 축의금은 필요 없지 않느냐. 그리고 이미 했던 축의금은 내가 하늘로 오면 천 배로 다 갚아 주겠다. 결혼식에서 대부분의 하객들이 어떤 행동과 역할을 하는지 잘 생각해 보아라. 아마 너희들 스스로도 많은 하객들이 없어도 결혼식의 의미는 줄어들지 않음을 바로 인정할 것이다. 너의 이의는 받아들일 이유가 없다."

"제사와 결혼까지는 판관님의 판결을 받아들이더라도 장례 절차만큼은 안 됩니다."

"안 되는 이유가 무엇이냐?"

"장례는 평생을 지상에서 수고한 사람에 대한 마지막 보답이고 살아 있는 사람들이 슬픔을 위로받을 유일한 방법입니다. 망자에 대한 존경과 남아 있는 사람의 슬픔을 달래는 장례 절차마저 그렇게 간소화하면 도대체 지상의 인간들이 사는 목적이 무엇인지 모르겠습니다."

"너희가 지상에서 평생 수고한 보상은 지상에서 이미 누렸다. 맑은 가을 따뜻한 햇볕을 맞으며 공원을 산책하는 것, 그것만으로도 평생 수고한 보상으로 충분하고도 남는다. 너희가 어렵게 키운 아이들로부터 받으려는 보상은 살아 있을 때 그 아이가 보여준 사랑스러운 모습만으로도 충분하다. 무엇을 더 보상받으려 하는가? 망자를 위로하는 것이 아니라 너희가 위로받기 위해서 그런 것이란 것은 내가 이미 다 알고 있다. 그리고 너는 지상 사람들이 사는 목적이 고작 화려하고 사람 북적이는 장례식이라고 생각하느냐? 착각하지 말라."

"그럼, 우리가 사는 목적, 그것은 무엇입니까?"

이때, 천신의 언덕에 계속 있던 소년이 판관을 대신해 대답해도 되겠냐고 판관에게 물었고 판단은 허락했다.

"삶의 목적은 천상의 판관이 답할 성질의 것이 아닙니다. 사람에 따라, 시간에 따라 너무나도 다양하고 많은 목적이 있기 때문입니다. 장례식에 사람들이 북적이고 화려한 장례가 가능할 정도로 사는 것을 삶의 목적으로 한 사람도 분명히 있을 것이지만, 그것은 우리가 무시해도 될 만큼 중요한 목적은 아닙니다. 우리는 단 하루라도 편안히 더 사는 것이 훨씬 중요합니다. 쓸데없는 이야기로 판관의 시간을 허비하게 하지 마시기 바랍니다. 이는 장례 절차로 돈을 벌거나 이런저런 주도권을 잡으려는 사람들의 사기극이니 더는 어리석은 관습에 대한 추종은 그만하시지요."

이 말에 판관은 이렇게 말했다.

"더는 장례 절차에 대하여 이의를 제기하지 말라. 살 만큼 산 자들이 어떻게 어린 소년보다 생각이 없느냐. 내가 참고할 만한 이의는 없으니 천신께 상신해 허락을 받겠다."

지상의 사람들은 실망 속에서 천신이 판관의 판결문을 거부해 주기를 바랐다. 하지만, 잠시 후, 천신의 승인이 떨어졌고 판관의 판결은 단 한 글자도 변경되지 않았다.

아무것도 필요 없는 곳
무욕의 땅
우리는 이것을 원하는 데
욕심 많은 자들이 내버려 두지 않는다.

11. 우리 시대는 상속을 왜 허용하면 안 되는가

한 젊은 자가 판관 앞으로 다가가 자신이 겪은 지상의 부조리를 해결해 달라고 부탁했다. 판관이 물었다.

"그래, 지상의 무슨 부조리냐?"

"네, 그것은 상속 문제입니다. 저는 평범한 부모를 가진 사람입니다. 특별히 잘 난 거도 없지만 그래도 열심히 일하며 그럭저럭 잘 살고 있습니다. 그런데 부모로부터 재산을 물려받아 풍족히 사는 사람들을 보면, 집을 사기 위해, 좀 더 나은 생활을 위해 노력하는 것에 대한 회의감이 듭니다. 이것은 같은 젊은이로서 반칙이 아닌지 하는 생각을 지울 수가 없습니다."

"아니, 그게 무슨 말이냐. 천신께서 분명히 오래전에 평균 개인 소득 10년 치 이상은 상속하지 못하도록 명했는데, 그 이상을 상속한다는 말이냐. 지금 너희 동쪽 나라 1년 평균 소득이 3000만 원 정도이니 아무리 많아도 3억 원 이상은 유산으로 상속 불가능하다. 그것이 지켜지지 않는다는 말이구나."

"물론입니다. 10년 치 평균 개인 소득이 아니라 100년, 1,000년 치도 상속하고 있는 형편입니다."

"그렇다면 네가 부조리를 느낄 만 하구나. 그 부모가 돈을 벌어 잘 사는 것까지는 허용하겠지만, 그 자식까지 잘사는 것은 평등과 공평의 원리를 벗어난다. 모든 지상의 사람은 그 출발점이 다르지 않아야 하며 이는 천신의 중요한 명이기도 하다. 이를 어기는 자는 그대로 내버려 둘 수 없다. 내가 천신께 고해, 평등이 무너지지 않도록 일정 금액 이상은 상속하지 못하도록 상신하겠다."

이때, 젊은 시절 고생하여 부를 모은 한 기업가가 나서서 판관에게 이렇게 말했다.

"판관께서는 오랜만에 지상에 내려오셔서 잘 모르시나 본 데, 지상에서 상속은 재산권의 일부로 보장된 권리입니다. 적법하게 상속세를 내고 유산을 물려주는데 그것이 무슨 잘못입니까? 만일 상속을 못 하게 한다면 누가 지금처럼 열심히 일하고 돈을 모으겠습니까? 모두 국가에 헌납한다면 그것은 정말 독재 국가에서나 있을 법한 최악의 판결이 될 것입니다."

"너는 왜 네가 번 재산을 남에게 주려 하느냐? 네 자식이라고 해서 남과 다르다고 생각하느냐? 네 자식도 분명한 남이다. 착각하지 말라. 네가 죽을 때 자식이 네가 저승으로 가는 길에 무슨 도움이 될 거라고 생각하느냐? 정신차리거라. 그리고 네가 남겨준 재산은 악취를 내면서 썩어들어가 네가 사랑하는 자식을 병들게 할 뿐이다. 국가에 헌납해도 사람들의 모든 재산은 균등 분배될 것이니 사회 전체의 부는 변함이 없다. 무슨 걱정이냐. 사회 전체의 부가 균등하게 증대되면 범죄도 감소하고 삶의 질도 크게 좋아질 것이다. 쓸데없는 걱정 말라. 자식에게 물려 주기 위해 열심히 일한다고 했느냐? 만일 그렇다면 열심히 일하지 말기를 적극 추천한다. 그런 목적의 재화는 지상의 발전에 아무런 도움이 되지 않는다."

"그래도 내가 번 돈, 내 사랑하는 자식에게 주는 것이 무슨 문제입니까? 지금도 일정 금액 이상 상속하려면 상당액을 국가에 세금으로 내고 있지 않습니까? 판관님이 생각하는 그런 효과는 지금 지상에서도 어느 정도 실현하고 있습니다."

"네가 아직도 천신의 뜻을 모르는구나. 상속을 금지하는 것이 단지 재물을 분배하는 것이 목적이라고 생각하느냐? 그것은 그 효과의 1%도 되지 않는다. 가장 큰 목적은 아이들이 자신이 상속받을 것이 거의 없음을 알고 스스로 자신의 인생을 살아가야 한다는 마음가짐을 가지게 한다는 것이다. 그것은 모든 인생은 모두 각자 개인으로부터 시작된다는 평등과 공평에 관한 생각의 시작인 것이다."

"그런데 상속을 금지하려는 생각은 상속할 것이 없는 사람들의 은밀한 계략이라고 생각하지 않으십니까? 부는 그 부를 가진 사람들에게 좋기도 하지만 그 부를 통해 수많은 사람이 직업을 가지고 돈을 벌 기회를 제공하는 긍정적 순기능도 있지 않습니까? 상속이 불가능하다면 회사의 주인은 사라질 것이고 그들이 일할 곳도 사라질 것입니다. 상속할 것이 없는 가난한 자들의 질투와 욕망에 판관께서 속고 있는 것 같습니다."

"속고 있는 것은 바로 너다. 너희들이 무언가 잘 나고 능력이 있어서 돈을 번 줄 아느냐? 어쩌다 보니 그렇게 된 것뿐이다. 하늘에서 조금 도와주었을 뿐, 네가 무언가 특별해 돈을 번 것이라고 스스로 속고 있다. 그리고 너와 네 자식이 아니더라도 회사는 누구라도 잘 운영할 수 있다. 여러 혜택을 받고 속임수를 쓰고 법을 교묘히 피하면서 잘 살아왔으면 그것으로 됐지, 무슨 자식에게까지 물려주려는 욕심을 부리느냐! 그렇게 욕심을 못 버리고 천상으로 오면 그 대가를 지옥의 형벌로 톡톡히 치를 것이다. 네가 또 속고 있는 것은 네 재산을 상속하지 못하고 사회에 제공하면 무언가 손해 본다는 생각이다. 네 재산은 너만 잘 쓰면 되는 것이다. 상속 유산은 네 자식이건 공동체 전체이건 너와는 아무 상관 없는 일이다. 그리고 결국 유산 상속을 공동체에 하는 것이 네 자식에게도 비교도 되지 않을 정도로 직접적, 간접적으로 더 도움이 되는 일이다. 스스로 속지 말고 어리석어지지 말라."

"공동체나 국가에 재산을 넘기는 것은 그럴 수 있겠으나 공동체나 국가가 내 소중한 재산을 제대로 관리하고 사용한다는 보장을 어떻게 하겠습니까? 아무 상관 없는 사람들이 자신의 사욕을 위해 내 재산을 탈취할 수도 있는 것 아닙니까?"

"그것은 국가 재산 관리 기구에서 통합적으로 투명하고 관리하고 지상 사람 모두가 감시자가 되면 전혀 문제없는 일이다. 자신이 상속받을 수 있었던 재산이 운영되는데 그 사용처와 관리에 대한 감시를 소홀히 하겠느냐? 쓸데없는 걱정 말라. 혹시라도 통합 국가 재산 관리 기구에서 단 1원이라도 비리를 일으키면 바로 사형으로 예외 없이 다스리도록 할 것이다."

이때, 오전부터 계속 판결에 참여하고 있는 어린 소년이 판관에게 이렇게 말했다.

"재산의 상속을 최소화하기 위해 국민 개개인의 재화의 흐름과 소유 상태가 완벽히 파악되어야 합니다. 잘못하면 불법으로 비밀스럽게 상속하는 일이 자주 발생할 것입니다. 현금으로 상속한다든지 물건으로 상속한다든지 그 방법이 다양해질 것입니다. 그렇게 되면 원래의 목적과 다르게 재화는 지하로 숨어들 가능성이 있습니다. 그러므로 철저한 개인별 재산 관리를 하고 이를 은닉하거나 불법적으로 교란하는 자는 엄격히 그 죄를 물어야 상속 금지법은 그 성과를 내고 성공할 것입니다."

"그렇겠구나. 지상의 사람들은 워낙 욕심이 많아 완전하게 재산의 은닉을 방지하지 않으면 그 실시에 있어 부작용이 발생하겠구나. 알겠다. 판결에 그것도 고려하도록 하겠다."

그러자 여기저기서 여러 사람이 재산 상태의 엄격한 관리와 통제는 있을 수 없는 일이라며 판관에게 항의하듯 말했다.

"판관님, 그럼 자식들, 손자, 손녀들에게 용돈도 못 준다는 말입니까?"

"그렇다. 자식들에게 준 용돈을 모두 모아, 일정 금액 이상이 되면 받은 용돈을 국가에 반납해야 한다."

"설날, 세뱃돈도 안 된단 말씀이십니까?"

"그렇다. 과도한 액수의 세뱃돈도 안 된다."

"좀 전에 분명히 자신이 번 돈은 상속을 못 할 뿐이지 자신이 마음대로 쓸 수 있다고 하시지 않았습니까? 제가 제 돈을 자식들에게 주는 것은 제가 번 돈을 제 마음대로 쓰는 것 아닙니까?"

"일정 금액 이상이라고 말하지 않았느냐? 그 이하면 얼마든지 용돈은 줄 수 있다."

"그게 얼마입니까?"

"처음에 말한 대로이다. 자식에게 줄 수 있는 재산은 손자에게 준 재산을 포함해서 10년 치 평균 국민소득 이하만 가능하다."

"이 판결은 사람의 행복권을 빼앗는 것 아닙니까? 사람은 누군가에게 베풀 때, 행복을 느끼는 것이고 특히 가족에게 베푸는 것은 당연한 본능 아닙니까?"

"네 말대로이다. 누군가, 불특정 다수, 공동체 모두에게 베풀면 된다. 그중 일부는 분명 너의 자식들과 손자들에게도 나눠질 것이다. 그리고 너의 자식과 손자들도 자신과 상관없는 사람으로부터 많은 부분 베풂을 받을 것이다. 어쩌면 네가 줄 수 있는 것보다 더 많이 받을 수도 있다. 봄날의 따뜻한 햇볕이 지상을 모두 다시 푸르게 변화시키는 것처럼 그렇게 말이다. 난로처럼 너의 자식에게만 따뜻함을 주지 말고 모두에게 따뜻함을 선사하라."

이 말을 듣고 있던 어느 경제학자가 판관을 곤란하게 하려는 듯이 이렇게 물었다.

"아주 훌륭하신 휴머니즘입니다. 그렇다면 재산의 상속은 국가에 하는 것이 아니고 유엔에 해야겠군요. 지상의 전체 세계가 모두 봄날의 따뜻함을 만끽하려면요. 자신의 재산을 태워버리는 한이 있더라도 이웃 나라에는 주고 싶어 하지 않는 사람들이 있어서 그들은 자신의 재산을 모두 바다에 빠뜨려 버릴지도 모릅니다. 자신의 나라를 침략하고 수탈한 국가의 국민을 위해 꼭 그렇게 할 필요는 없을 테니까요."

"그래, 네가 나를 놀리려고 비아냥거리고 있구나. 그것은 국가 내에서 상속에 관한 판결을 완전히 시행한 후에 2단계로 국가간에 시행할 일이다. 너는 서로 등을 지고 살기에 지상의 삶이 얼마나 짧은 지 얼마 후, 눈물 나도록 느낄 것이다. 이제 천신께 올릴 판결을 내릴 것이니 판결을 보고 불만이 있으면 이의를 제기하라."

천상의 판관은 판결을 작성하기 위해 거처로 들어갔고 지상의 돈이 조금 있는 부자들은 자신의 재산이 사라질까 걱정스럽게 판결을 기다리고 있었다. 잠시 후 판결은 게시되었고 그들은 지상의 모든 것이 사라질 듯한 실망감으로 판관에게 항의하기 위해 모여들었다. 그중 한 사람이 판관에게 이렇게 말했다.

"이번 판결은 있을 수 없는 오류입니다. 만일 그대로 시행된다면 모든 재산은 국민 공동 소유가 될 것입니다. 지상 사람들은 모두 나태한 게으름뱅이가 될 것입니다. 그리고 그 엄청난 양의 부를 국가가 어떻게 전부 관리한다는 말입니까? 판결이 시행되면 오래지 않아 우리 국가는 모두 몰락하여 사라져갈 것입니다."

"네 말이 맞다. 오래지 않아 모든 부는 공유될 것이다. 단, 자신이 열심히 일 한 것에 대한 성과는 자신이 충분히 누릴 것이다. 그것은 걱정할 것 없다. 절대 사람들은 나태해지지 않는다. 기본 소득이 있어 삶에 걱정이 줄어들면 더욱더 새로운 세계로 향한 도전을 가속할 것이고 그 즐거움에 빠져 열심히 자기 일에 집중하게 될 것이다. 따라서 국가는 상상할 수 없을 정도로 발전할 것이고 꿈도 꾸지 못한 기술을 개발하고 상상도 못 한 세상을 만들어 갈 것이다. 그 많은 재산을 어떻게 관리하냐고 했느냐? 모든 것이 공동 재산인데 무슨 그렇게 관리가 힘들겠느냐? 지금 쓸데없는 일을 하고 있는 공무원들을 활용하면 충분하고도 남는 일이다. 괜한 걱정 말라. 세상이 몰락한다고? 지금의 탐욕스런 상속 제도가 오히려 세상을 몰락시킬 것이다."

「상속 문제」에 대한
판결문

상속의 과정에서 일어나는 문제점들을 해결하기 위해 아래와 같이 판결한다. 국가는 이를 1개월 안에 즉시 시행하고 모든 관계 법령을 개정할 것을 명한다.

1. 상속은 불가하고 허락하지 않는다. 단, 10년 치 평균 임금에 한해서 그 차용을 허락한다. 이 차용 상속분도 차용 상속받은 자가 재산을 모으면 국가에 모두 상환해야 한다.

2. 국가는 국민의 모든 상속 재산을 공정하게 관리하기 위한 감시 기관을 즉시 설립하고 운영한다.

3. 국민 상속 재산을 누군가 1원이라도 횡령하면 예외 없이 관련자 전원 즉시 사형에 처한다. 이는 사형제 폐지 국가에서도 천상의 특별법으로 동일하게 적용한다.

4. 모든 상속 재산 전부는 국민 기본 소득의 재원으로 사용한다. 상속 재산이 부동산, 주식과 같은 비현금인 경우 전 국민 공동 소유로 전환한다. 돈을 많이 번 개인들은 이 공동 소유 재산을 자신이 죽을 때까지는 정상적으로 구매 소유할 수 있다.

5. 이 판결은 100년 동안 절대 변경 불가하다.

천상의 판관

"그것을 우리가 어떻게 믿습니까? 혹시라도 판관님의 생각과 달리 국가가 혼란에 빠지고 문명이 몰락하면 누가 책임을 진단 말입니까?"

"참, 우습구나! 너희가 더 몰락할 것이 남아있다고 생각하느냐? 탐욕으로 지상을 오염 시켜 곧 너희들 행성은 숨쉬기조차 힘든 더러운 행성으로 변화할 것이고, 매일 매일 끔찍한 범죄 속에서 아름다운 별이 빛나는 밤에 돌아다니지도 못하고, 돈이 좀 있는 한심한 부자들한테 자존심을 꺾고 무릎을 꿇어야 하고, 다음 끼니를 구하지 못해 눈물 흘리는 자들이 늘어나고, 어떻게든 성공하여 부자가 되고자 선과 악도 구분 못 하고, 돈으로 무엇이든지 하려 하는 사람들 때문에 우리 이웃이 억울한 일을 수없이 당하며, 천신이 힘들게 만든 창조물들이 수없이 멸종해가고, 삶의 목적도 없이 하루하루를 먹고 살기 위해 비참하게 살아가고, 흑인은 무시당하고, 여자들이 돈을 못 버는 약자이기 때문에 무시당하고 …. 너희가 더 몰락할 것이 남아있단 말이냐? 너희가 지금보다 더 혼란한 세상이 있다고 생각하느냐?"

판결에 불만을 가진 사람들은 흠칫 놀라 뒤로 물러섰다. 그들은 자신들의 모든 재산을 국가에 헌납하는 것에 대해 인정할 수 없으나 지금 세상이 돈 있는 자들, 머리 좋은 자들 중심의 세상이라는 것에는 반박할 수는 없었다. 그들은 마음속으로 분하지만 다른 반발의 논리를 찾을 수 없었기에 100년 동안 시행해보고 자신의 생각이 틀리지 않음을 증명할 수밖에 없었다. 하지만 그들 누구도 100년 후까지는 살 수 없을 것이다. 상속 문제에 대한 판결은 이렇게 마무리되었고 천신께 보고되고 아무 문제 없이 바로 시행하도록 승인되었다.

이 판결에 어떤 사람은 환호했고 또 어떤 사람은 분노했다. 물론, 가난하고 약한 자들이 환호했다. 불만이 있는 똑똑하고 능력 있는 자들은 어떤 판결, 어떤 세상에서도 훌륭히 잘 살아남을 것이다. 이는 천신이 판관의 판결을 승낙한 이유이다.

여름 뜨거운 태양과 겨울 차가운 바람에
당신과 나는 별로 다르지 않다.
당신이 나를 아무리 하찮게 보더라도.

12. 우리 시대는 아직 일본과의 관계를 해결하지 못하고 있는가

한 역사학자가 판관에게 다가가 이웃 나라, 일본과의 관계 문제에 대하여 판관에게 이렇게 물었다.

"여기 동쪽 지상은 일본이라는 이웃 나라가 있는데 항상 우리와 다툼이 끊이지 않습니다. 역사적으로 보면 중국의 문화와 문명이 우리를 거쳐 가거나 직접 일본으로 전파 되었음은 틀림없는 사실입니다. 그 과정에서 문화와 문명이 충돌하여 전쟁이 일어나기도 하고, 일본이 우리를 지배하려고 잠깐 시도한 적도 있습니다. 그때의 서로에 대한 악감정이 상대를 무시하고 자극하고 경계하면서 거리가 좁혀지지 않고 서로 반목이 지속되고 있습니다. 이를 어떻게 하면 될지, 즉 지금처럼 서로 싸우고 반목하면서 살아야 하는지, 관계를 개선하여 진정한 친구로서 살아야 하는지 알려주시기 바랍니다."

"사람과 사람 사이의 관계와 국가와 국가 간의 관계는 다를 바가 없다. 결국, 무엇인가를 바라게 되면 그 바람으로부터 모든 문제가 발생한다. 사람이 누군가를 좋아하면서 문제가 발생하는 것도 다름 아닌 이 '바람'이다. 그 바람이 충족되면 둘 사이의 관계는 더 이상 좋을 수 없을 정도로 친밀해지고 그 바람이 충족되지 않으면 둘 사이의 관계는 틈이 발생하고 멀어지게 되는 것이다. 이는 국가 간에도 똑같이 적용되어 그 관계가 가까워졌다, 멀어졌다 하는 것이다. 그래, 너희는 일본으로부터 무엇을 바라느냐?"

"그것은 바람이라기보다는 그들이 당연히 해야 할 것들을 해야 한다는 당위성의 문제입니다."

"그래서 결국 너희가 바라는 것이 무엇이냐? 자세히 말해 보거라."

"일본인은 우리를 조선 시대부터 침략하여 우리 민족을 괴롭혀 왔습니다. 20세기 들어서는 나라 전체를 식민지화하여 35년 동안 우리를 지배하기도 했습니다. 그 지배 기간 동안 우리를 괴롭힌 것은 말할 것도 없겠지요. 거기에 우리 국민을 징용하여 강제 노역을 시키기도 하고 여자들은 일본군의 위안부로 동원되기도 했습니다. 이뿐만이 아닙니다. 대한민국 땅 일부를 자기네 땅이라고 주장하기도 하고 은근히 자신들이 뛰어난 민족인 듯한 거들먹거림이 여기저기서 보입니다. 그런데도 그들은 진정으로 미안한 마음을 담아 사과하는 법이 없습니다. 자신들의 전쟁 전범을 아직 우상화한다는 것은 자신들의 침략 전쟁을 반성하고 있지 않다는 증거이기도 합니다. 우리가 바라는 것은 이 모든 것들에 대한 진심을 담은 사과와 사죄입니다."

"나쁜 놈들이구나. 저들은 지금까지 한 번도 사죄하지 않았느냐?"

"몇 번의 사죄는 있었습니다."

"피해에 대한 보상은 있었느냐?"

"한국 정부와 일본 정부 사이에 보상은 있었습니다."

"사죄와 보상이 있기는 있었다면, 그럼 그 사죄와 보상의 정도가 부족하다는 말이구나?"

“그렇습니다. 정부 간의 몇 번의 사과와 보상으로 자기들이 할 일은 다 했다고 오히려 추가 사죄와 보상을 요구하는 우리를 비난하고 있습니다.”

“어떻게 하면 모든 감정이 사그라들겠는지 명확히 해서 일본에 요청한 적은 있느냐?”

“사실, 우리도 어떻게 해야 우리 분노가 사라질지 알 수 없어 그렇게 요청한 적은 없습니다.”

“답답하구나. 사람과 사람 사이에서도 어떤 잘못에 대하여 볼 때마다 끊임없이 사죄하라면 몇 번은 하겠지만 계속 사죄가 되겠느냐? 아무리 생각하기 어렵더라도 그것을 찾아내어 그 방식대로 사죄를 요청하는 것이 필요하다. 그래, 일왕과 총리가 한국을 방문하여 피해 당사자들이 모두 모인 광장에서 무릎을 꿇고 머리를 땅에 대고 사죄를 요청하면 될 것 아니냐. 그리고 이제 사는 것은 일본에 못지 않으니 금전적 보상은 너희 정부에서 해도 되지 않겠느냐?”

“사실, 그 정도라면 우리 국민이 납득할지도 모르겠습니다. 하지만 일본이 그런 요청을 받아들일 리 없습니다. 얼마나 한국을 무시하는데 그런 사죄의 형식을 받아들이겠습니까?”

“무시는 일본이 너희 나라를 무시하는 것보다 너희들이 일본을 무시하는 편이 훨씬 더 크지 않느냐. 무시한다는 이야기는 꺼낼 필요 없다. 알았다 내가 천신에게 일본과의 관계를 다시 회복하기 위한 판결을 상신해 보겠다. 이번에는 일본 사람들의 생각을 한 번 들어보자. 사자는 일본 사람들 관련자 몇 명 데리고 오너라.”

사자는 즉시 일본에서 극우, 친한 등 몇몇 다른 정치 성향을 가진 사람들을 천신의 언덕으로 데리고 왔다. 그 중, 일본의 정통성과 전쟁의 역사를 옹호하는 극우 세력의 한 사람이 판관에게 나서 이렇게 말했다.

"여기 오면서 천황과 총리가 한국에 와서 무릎을 꿇고 머리를 땅에 조아리고 사죄하라는 판결을 천신께 올리려고 한다는 말을 들었습니다. 그것은 일본 국민 전체가 자결하는 한이 있더라도 절대 안 될 일입니다. 선과 악 그리고 진리조차 시대에 따라 변하는 법입니다. 불과 100년 전에 노예들은 사고팔고 거래되었지만, 노예 제도가 없어진 후 현재 노예 제도를 시행했다는 이유로 매년 흑인들, 노예였던 자들의 후손들에게 계속 사죄하거나 보상을 하는 것은 아니지 않습니까? 물론, 처음 한 번은 보상도 하고 사죄도 하고 했겠지요. 불과 200년 전만 하더라도 전제 군주가 자신의 자식들에게 나라를 물려주는 어처구니없는 일을 했습니다. 하지만 그것은 지금의 문명에서 생각하니 어처구니없을 뿐이지 그 당시는 그것이 정의이고 선이고 진리였습니다. 19세기 말, 20세기 초는 세계는 모든 강대국은 주변의 나라를 자신의 식민지로 만들어 큰 제국을 만들려 하는 제국주의 시대였습니다. 일본이 그 당시 문물을 조금 일찍 받아들여 우연히 나라의 힘이 생겼고 세계 모든 나라가 식민지를 건설하듯이 우리도 그 역사적 흐름을 따랐을 뿐입니다. 한국이 만일 그 당시 우리보다 힘이 있었다면 틀림없이 반대로 일본을 식민지화시켰을 것입니다. 물론 사죄를 해야 한다는 것은 인정합니다. 하지만 이미 그 사죄는 충분히 했습니다. 역사적 흐름에 따라 했던 정치 행위들을 끝없이 사죄하고 보상할 수는 없지 않습니까?"

이때, 일본의 추가 사죄와 보상을 요구하는 한국 사람 중 하나가 이 말에 반박하며 이렇게 말했다.

"지금 저들은 역사 논리로 자신들의 잘못을 시간 속에 흘려버리려 하고 있습니다. 잘못을 했으면 그 피해자가 납득할 만큼 사죄를 하는 것이 상식입니다. 굳이 역사적으로 관점을 돌리더라도 아직 그 피해자들이 엄연히 생존해 있기 때문에 그것은 역사가 아닌 현실입니다. 저들은 역사와 현실을 애매하게 뒤섞어 자신의 행위들을 변명하려 하고 있습니다. 역사는 과거의 사실이지만 피해자의 고통은 현재입니다."

천상의 판관은 이렇게 말했다.

"그렇구나. 일본은 과거화하려 하고 있고 너희는 그것을 아직 현재로 생각하고 있구나. 피해자들의 고통과 상처가 아직 살아 숨쉬기 때문에 피해 사실은 과거로 변명 될 성질의 것은 아니다. 이 관점에서 일본에서 온 너희들의 생각을 다시 말해 보거라."

"그렇지만 현재의 일이라고 생각한다 하더라도 그 일은 이미 여러 차례 사죄하였고 막대한 액수의 보상도 이루어졌습니다. 그 보상을 이용해 경제 발전을 했고 현재의 번영을 이루고 있으면서 추가 사죄와 보상을 요구한다는 것은 참으로 부끄러움을 모르는 철면피이고 범죄적 협박꾼이 아니고 무엇이겠습니까?"

"철면피와 협박꾼이라 말하는 저들은 도대체 양심이라고는 없는 인간들이군요. 개인의 일로 생각해보면 어떤 사람이 누군가에게 폭력을 행사해 다리를 부러뜨려 장애인을 만들어 놓고 적당한 사과와 보상을 해 놓고 자신의 할 일은 다 했다고 말하는 꼴 아닙니까?

진정한 사죄는 피해자의 피눈물이 그치고 그들이 용서할 만큼 해야 그 진정성이 있는 것이지, 피해자는 아직 용서가 안 됐는데 가해자가 자신은 할 일 다 했다 하면 그게 무슨 용서가 되겠습니까?"

"네 말이 틀린 말은 아니다. 판결에 일왕과 일본 총리의 사죄의 의식과 함께 일본 국민 모두가 한국에 무릎 꿇는 것으로 하겠다. 들어보니 그 정도는 해야 사죄가 될 것 같구나. 단, 이렇게 일본이 사죄를 한다면 너희는 모두 진정으로 용서할 준비는 다 되어 있느냐? 그런 사죄의 의식을 치른 후에도 또 사죄를 요구한다면 그것은 너희, 한국의 문제가 될 것이다. 어떻겠느냐?"

"그렇게 일왕을 포함한 일본 국민 전체가 사죄의 의식을 가진다면 우리도 더 이상은 요구하지 않고 진정한 이웃으로 받아들일 것 같습니다. 하지만 그 사죄의 의식마저 형식적인 행위가 된다면 그것은 또 다른 문제를 일으킬 것입니다."

"그렇구나. 하지만 일본 전체가 그런 사죄 의식을 행한다면 그 진정성이 부족한 일부 사람들의 행위는 받아들여져야 할 것이다. 일본의 의견을 말해 보거라. 이 사죄의 의식을 할 수 있겠느냐?"

"그건 안 될 말입니다. 우리 일본은 누구에게도 무릎을 꿇고 용서를 구한 적이 없습니다. 우리는 역사의 흐름에 따라 세상을 살아왔을 뿐인데 유사이래 한 번도 한 적이 없는 그런 엄청난 사죄를 왜 해야 합니까? 설사 정치적으로 그렇게 하기로 결정이 난다 하더라도 일부 국민은 절대 그것을 따르지 않을 것입니다. 처음에도 말씀드렸지만 자결을 하더라도 그렇게는 하지 않겠다는 사람이 많이 있을 것입니다."

"답답한 일이구나. 한쪽에서는 납득할 만한 사과를 원하고 다른 한쪽에서는 못 하겠다고 하고, 내가 어떻게 정해야 할지 의견 있는 사람은 없는가?"

이 말에 판관 옆에 조용히 계속 있던 소년이 자신의 생각을 이렇게 말했다.

"사죄라는 것을 억지로 하라고 해서 한다면 그 진정성이 있을 리 없습니다. 하지만 현재 두 나라 사이에는 오랫동안의 벽이 있어 우선 그것을 허무는 것이 필요합니다. 그 진정성과 무관하게 판관께서 생각하신 일왕을 포함한 사죄의 의식을 치르게 하고 한국도 그것으로 더 이상의 사죄를 요구하지 않도록 천신이 결정하여 우선 시행하는 것이 좋을 것 같습니다. 이 의식을 시작으로 서로의 앙금이 조금은 가라앉고 서로의 눈을 볼 수 있는 기회는 올 것입니다. 소월의 '진달래꽃'에서도 일본에 대한 용서를 암시하지 않았습니까? 한국은 일본을 냉철히 용서하지 않고 한(恨)을 그대로 남겨놓는다면 일본을 상좌에 그대로 끝없이 인정하는 꼴이 될 것이니 한국민은 그들을 상좌에서 끌어내리기 위해서라도 용서를 선택해야 할 것입니다."

"알겠다. 내 천신에게 상신할 판결을 내리고 게시토록 할 것이니 이의가 있으면 그때 다시 신청토록 하라."

판관은 판결을 위해 처소로 돌아갔고 한국과 일본 사람들 모두 그렇게 만족할 만한 표정은 아니었다. 잠시 후, 천신께 상신할 판결문이 게시되었고 예상대로 일본인과 한국인들 모두, 수정을 요구하면서 판관에게 가까이 다가섰다. 우선 한 일본인이 판결문은 도저히 받아들일 수 없다며 이렇게 말했다.

「일본과의 관계 문제」에 대한

판결문

서로 이웃 나라인 일본과의 적대 관계에서 일어나는 문제점들을 해결하기 위해 아래와 같이 판결한다. 두 국가는 이를 1개월 안에 즉시 시행하고 모든 관계 법령을 개정할 것을 명한다.

1. 일본은 국왕과 총리가 한국을 방문해 무릎을 꿇고 머리를 땅에 대고 한국민들에게 사죄한다. 이때 일본 국민도 모두 일왕과 동일하게 동시에 사죄 의식에 참여한다.

2. 사죄를 제외한 배상 문제는 더는 거론하지 않고 모든 관련 배상은 한국 정부가 책임지도록 한다.

3. 한국은 더는 사죄를 요구하는 일은 없어야 하며 일본은 자신의 과오를 진심으로 인정하는 태도를 보여야 한다.

4. 위 판결을 따르지 않는 나라는 그 벌로써 100년간 비가 오지 않게 하여 그 국가를 고난 속에서 멸망토록 하겠다.

5. 한국도 일본 무시의 태도에 대한 사죄와 일본의 사죄를 진심으로 받는다는 의미로 대통령을 포함 전 국민은 일본의 사죄 의식 동안 90도 이상 허리 숙임으로 일본의 사죄에 답하도록 한다.

천상의 판관

"너무하십니다. 100년간 비가 오지 않게 하여 국가를 멸망시킨다는 것은 우리가 반드시 사죄의 의식을 치러야 한다는 말 아닙니까? 국권침탈 당시 조선은 일본이 아니어도 어차피 다른 나라의 식민지가 되었을 것입니다. 그 제국주의 시대의 당연한 식민지 건설을 너무 가혹히 처벌하시는 것 아닙니까? 더욱이 한국인들은 역사적으로 오래전부터 일본인들을 왜놈이라면서 무시하고 진정한 이웃으로 대하지도 않았습니다. 그런 사람들과 굳이 이웃이 되어서 무슨 소용이 있겠습니까? 이웃으로 살지 않아도 되니 부디 사죄 의식은 없던 것으로 해 주시기 바랍니다. 아니면 이와 같은 한국인의 무시를 고려하여 우리의 사죄 의식과 동일한 방식으로 한국에도 그들의 무례를 사죄토록 해 주십시오."

"지금 일본의 잘못에 대한 사죄를 요구하는 것인데 갑자기 엉뚱한 일로써 사죄 의식을 취소시키려 하고 있습니다. 정말 얕은 꾀를 쓰고 있군요."

"천상에서 판관인 내가 언뜻 보기에 일본인들의 주장이 아주 근거가 없는 것은 아니다. 너희들 한국인들도 기본적으로 왜놈이라 하여 오랫동안 무시하여 왔고 지금도 그 무시하는 태도는 크게 바뀌지 않았다. 일본의 주장을 받아들여 판결문 5항을 추가하여 한국도 그에 상응하는 사죄의 의식을 치르도록 하겠다. 다른 이의는 없느냐?"

"그렇게 상호 사죄를 한다면 일본의 사죄를 통한 한국인의 울분과 분노를 가라앉히는 효과가 반감될 것입니다. 부디 판결문 5항은 삭제해 주시기 바랍니다."

"너는 소년이 말한 '소월의 시'를 아직 이해하지 못하느냐! 일본을 상좌에서 내려오게 하여 동등한 관계가 되려면 냉철한 용서가 필요하다고 하지 않았느냐! 소년의 말대로 한(恨)이 남아 있는 한, 상대는 상좌(上座)에 머물러 있는 것이다. 네 말은 들어줄 수 없다. 너희 한국인도 사죄 의식에 참여하거라. 다른 이의 없느냐?"

판관의 판결문은 5항이 추가되어 천신에게 상신되었고 천신은 조속히 시행할 것을 명했다. 양국의 정부는 즉시 천신의 명을 받들어 사죄 의식의 준비를 시작했다.

한 선구적 삶이
고요한 침묵 속에서
세상 모든 행동을 바꾼다.
그리고 그것이 세상을 유지케 한다.

13. 우리 시대는 남북통일을 잘 추진하고 있는가

조금 있으니 나이가 지긋한 한 신사가 남북한의 통일을 위한 최선의 방책을 물었다.

"저는 북한과의 통일은 힘으로 북한을 고사, 붕괴 시켜 흡수 통일하는 것만이 유일한 방법이라고 생각하고 있습니다. 어떤 학자들은 북한과 관계를 개선해 연방제를 만든 후 서독식의 통일을 바라고 있습니다만, 그것은 망상일 뿐, 오히려 그 과정에서 국가 혼란에 의한 민주주의의 붕괴의 위험이 있습니다. 부디 북한과의 통일을 위해 어떤 방법이 좋은지 알려주시기 바랍니다."

"북한과 굳이 서둘러 통일을 왜 하려고 하느냐? 역사적으로 볼 때, 삼국으로 나뉘어 700년이나 통일 없이 살아왔지 않았느냐? 지금 분단된 지 70년 조금 넘었으니 옛날 삼국시대 기간의 10분의 1도 지나지 않았다. 기회를 천천히 보면 되지 않느냐?"

"기간상으로는 그렇긴 하지만 현대 사회는 급히 그 문화가 변화하고 있어 삼국 시대와 지금의 시대는 그 시간의 의미가 다릅니다. 빨리 통일이 안 되면 다시 전쟁이 일어날 수도 있고 국력이 약화되어 다른 대국에 흡수되어 영원히 통일이 불가능해질 수도 있습니다. 지금의 70년은 삼국 시대의 700년에 필적할 것입니다."

"네가 잘 알지도 못하면서 함부로 말하는구나. 700년은 700년이고 70년은 70년이다. 지금 세상이 특별하다고 생각하지 말라. 아무튼 통일이 되면 좋겠지. 힘에 의한 흡수 통일 말고 다른 방법을 주장하는 사람들이 있는 것 같은데, 그 방법을 소상히 말해 보거라."

"네, 얼마 전만 하더라도 이 이야기를 하면 국민을 현혹한다고 감옥에 가는 일도 있었습니다만, 지금에서야 겨우 말할 수 있게 되었습니다. 판관님 말씀대로 통일을 서두르면 생각하기도 싫은 무력 충돌과 같은 부작용이 있을 수 있음으로 전쟁 없는 유일한 통일 방법은 준 통일 국가, 즉 유럽과 같은 연방제를 실시하고 그 대표 의장은 남북한이 1년씩 교대로 취임하여 연방국 주요 사항들을 남북 동일한 수로 구성된 연방 의회 의원들과 함께 결정해 나가는 방식입니다. 남북한의 통치는 현재와 같이 서로 독립적으로 수행하고 화폐 통일, 교통 통일, 교육 통일, 국방 통일 등으로 점진적 확대를 이끄는 것입니다. 정치적 통일이 되지 않은 상태이기 때문에 협력 범위에 한계가 있겠지만 서두르지 말고 하나씩 확대해 나가면 연방국 100년이 되기 전에 통일에 가까워질 수 있을 것입니다. 이 방법으로 통일을 위한 판결을 해 주시기를 간청드립니다."

"연방제를 주장하는 사람들은 연방제 통일이 전쟁을 억제한다는 착각을 하고 있습니다. 그러나 정치 체제가 다르면 언제든지 충돌이 있게 마련이고 그때 어떤 일이 일어날지는 아무도 모릅니다. 즉, 연방제에 의해 북한의 경제력과 국방력이 증대되면 오히려 전쟁의 위험이 더욱 증대되고 남한이 열세에 놓이게 되는 빌미를 제공하게 될지도 모릅니다. 통일을 위한 유일한 방법은 북한을 고립 시켜 힘을 약화시킨 후에 스스로 붕괴하기를 기다려 주변국들과 유엔의 협력으로 흡수 통일하는 것이 통일의 유일한 합리적 방법입니다. 북한의 힘이 약해져야 전쟁도 방지할 수 있는 것입니다."

"둘의 이야기를 들어보니 두 사람의 의견 모두 어느 정도 일리가 있구나. 두 가지 방법 말고 다른 방법은 또 없느냐?"

소년이 이렇게 말했다.

"두 가지 방법의 특징은 하나는 상대를 약화시키는 방법이고 다른 하나는 상대와 공생하는 방법을 선택하는 것입니다. 사실 남북한 주변은 통일을 원치 않는 국가들로 포위되어 있습니다. 특히 그 나라들은 세계를 움직이는 강대국들입니다. 그 국가들은 자신의 나라의 이익을 위해 움직일 뿐, 한민족의 통일에는 관심이 없습니다. 그러므로 통일은 주변 국가, 중국, 미국, 러시아, 일본에 공통적으로 이익이 되는 방법을 도출해 내야 합니다. 그렇지 않으면 그들의 이익에 반하는 국가가 무슨 수를 써서라도 반드시 통일을 방해할 것입니다."

"그래, 그럼 어떤 방법이 좋겠느냐? 남북한 포함 6개국 모두의 이익에 부합하는 통일 방식이 있겠느냐?"

"어렵지만 퍼즐을 푸는 해법이 없지는 않습니다. 남북한은 모두 통일을 통해 한민족 전체의 번영을 목표로 하겠지만, 구체적으로 생각해 보면 남한은 북한과의 전쟁의 위협을 없애고 대륙으로의 직접적 교류와 교역을 원할 것입니다. 북한은 자신들의 입지나 정치적 권력이 약해지지 않기를 바랄 것입니다. 이는 당연한 일입니다. 중국은 자신의 국가 이념과 대립하는 미국 등 강대국과의 직접적 국경이 부딪히며 성립되는 것을 절대 원치 않을 것이며 러시아 또한 미국의 최우방국인 한국과의 국경을 원치 않을 것입니다. 일본은 모든 것을 떠나 남북한이 통일되어 일본의 국력을 능가하는 것에 대해 반감을 가질 것이고 마지막으로 미국 또한 통일 한국이 되면 주한 미군 주둔 근거가 없어지고 최우방인 한국의 태도가 지금 만큼 순종적이지 않아질 것에 대한 꺼림직함이 있을 것입니다. 이 모든 것을 한 번에 해결할 방법이 필요합니다."

"굉장히 복잡하구나. 그래 그래서 어떤 방법을 생각하고 있느냐?"

"우선, 남한과 북한을 모두 각각 3개의 수평 연방국으로 나누는 것입니다. 물론 중앙 정부는 있겠지만 북한도 3개의 연방국, 남한도 3개의 연방국을 만들어 총 6개의 국가로 한반도를 분할합니다. 이렇게 6개의 연방국 중 국경을 접하고 있는 2개의 연방국만 우선 연방제로 통일시킵니다. 즉 한반도의 3분의 1만 우선 통일시키는 것입니다. 그 지역에서는 공통된 화폐를 가지고 공통된 경제 활동을 하게 될 것입니다. 1단계 연방 영역은 남한은 경기도와 강원도 북부 지역이고 북한은 황해도와 강원도 남부 지역이며, 2단계 연방 영역은 남한은 충청남북도와 경북 지역이고 북한은 평남과 함경남도 남부 지역입니다."

"무슨 말인지 알겠다. 일단 그렇게 되면 중국, 러시아, 미국, 일본의 반대는 크게 줄어들겠구나. 결국, 단계적으로 통일을 해 나가가자는 것이구나. 그렇다면 1단계 연방 지역의 통치는 누가 하는 것이냐?"

"1차 단계 통일 연방 정부의 경우는 중요 결정 사항은 기존 남북한 정치 통치자가 결정하고 통치하게 될 것입니다. 1차 통일 연방 정부는 철저히 경제적 연방 통일이 될 것입니다. 과도적 통일 연방제로써 정치는 중앙 정부가 경제는 해당 연방 정부가 결정해 나갈 것입니다."

"그래도 문제는 많아 보이는구나. 정치적 독립 없는 경제적 통일은 언제든지 대립 상태로 되돌아갈 수 있을 테니 말이다."

"현재 북한도 공산주의 통일을 원한다기보다는 자신의 정치적 권력이 파괴될 위험이 있는 전쟁을 억제하고자 하는 생각을 갖고 있습니다. 즉 그들도 이 지역에 세계 공통 투자가 일어나 절대 전쟁이 일어날 수 없는 상태로 진행되는 것을 반대하지 않을 것이 분명합니다. 그러므로 어느 정도 부작용을 감수하고 전쟁 방지를 위한 완충 연방 지역을 만드는 것에 대해 찬성할 가능성이 있습니다. 남한의 경우는 서울, 경기가 이 1차 연방 지역에 포함될 것이기 때문에 수도도 이전해야 하고 인구수의 비대칭적 상황에 대해 북한과 협의를 해가야 할 것입니다."

"음, 1단계 연방 지역에서 북한 사람들은 북한으로만 자유롭게 이동 가능하고 남한 사람들은 남한으로만 이동 가능하겠구나."

"그래도 1단계 연방 지역에서는 남북한 사람 모두 자유롭게 이동할 수 있습니다. 그리고 비무장 지대가 지금의 한 곳에 남북 두 곳으로 늘어날 것입니다. 이를 위해 적절한 준비가 필요할 것입니다."

"그래, 1단계 연방 지역에서 통치도, 경제도 성공적으로 이루어진다면 그다음 단계는 무엇이냐?"

"다음은 2단계 연방 지역에서의 통일입니다. 방식은 유사합니다. 사실, 1단계 연방 지역에서 연방제 통일에 성공한다면 한반도 통일은 이루어진 것과 다를 바 없습니다."

이때, 연방제 통일에 반대하는 자가 소년의 말을 끊고 이렇게 반박했다.

“판관님, 그게 그렇게 쉬운 일이면 얼마나 좋겠습니까? 단계적 연방제 방안이 군사적 긴장을 완화하고 주변 4개 나라의 통일에 대한 반대는 조금 줄어들겠지만, 세 가지 문제가 더 남아 있습니다. 우선 첫째는 만일 어떤 사건으로 군사적 긴장이 발생했을 때 1단계 연방 지역에 있는 수많은 사람들과 연방 영역에의 시설 투자 등에 대한 안전에 문제가 있다는 것이고, 둘째는 소득 격차에 따른 남북한 주민들 간의 반목으로 오히려 민간인들의 적대 감정이 고조될 수 있으며, 세 번째는 1단계 연방 지역의 통치를 위한 선거 등에서 인구 불균형에 따른 대표자 수가 남한으로 편중되어 연방 통치의 정치적 갈등을 피할 수 없다는 것입니다. 이 세 가지 문제에 대한 명확한 해법이 나오기 전에는 단계별 연방 전략은 결국 실패로 돌아갈 것이고 한반도는 오히려 남북한 무력 충돌의 위험에 노출될 것입니다.”

“네 말도 일리는 있구나. 이 문제들에 대한 대책은 있느냐? 대책이 없다면 보류하는 것도 생각해 봐야 할 것 같다.”

“물론, 대책은 있습니다. 높고 험한 산에 오르려면 중간에 갑작스러운 소나기도 만나고, 길이 없어져 새로운 길을 만들면서 가기도 해야 하며, 숨이 넘어가는 듯한 끝없이 가파른 오르막길도, 미끄러지고 떨어져 다칠 수 있는 낭떠러지 같은 내리막길도 가야 합니다. 하지만, 만일 다칠 수도 있고 너무 힘들 수도 있으며 힘만 들고 결국 정상에 도달할 수 없을지도 모른다는 두려움에 모든 것을 완벽히 준비하고 떠나려 한다면 결국 그 험난한 산에 오르지 못할 것입니다.

첫 번째 문제에 대한 대책은 1단계 연방 영역을 중립국화하고 모든 주민과 시설은 유엔에서 보증하는 시스템을 구축하는 것입니다. 유엔 대표부는 남한과 북한을 지지하는 동수의 국가들로 구성하여 공정성 문제를 해결합니다. 두 번째 소득 격차에 따른 주민들 간의 반목과 대립 문제는 세계의 새로운 투자들이 이어지면 남한 영역뿐 아니라 북한 영역도 함께 발전하게 될 것이며 서서히 10년, 20년 지나면서 남북한의 소득 격차는 좁혀질 것입니다. 이는 높고 험한 산의 오르막길과 같은 것으로 어떤 경우에도 어차피 넘지 않으면 안 되는 험로인 것입니다. 이는 수십 년이 지난 서독의 경우도 아직 해결하지 못한 부분입니다. 마지막 세 번째 정치적 갈등 문제는 인구수가 아닌 남북한 동수의 대표부를 구성하고 첨예하게 대립하는 정치적 안건에 대해서는 동수의 유엔 대표부를 1차 참여시키고 최적의 정책이 도출될 때까지 다수의 남북한 추가 대표부를 2차 참여시키는 등, 합의를 위한 노력을 해나가면 될 것입니다. 앞으로의 일이 무엇인지도 모른 채, 그 두려움으로 앞으로 나가지 않는 것은 있을 수 없는 일입니다."

"그렇구나. 완전한 대책은 아니지만 아무것도 하지 않고 시간을 보내는 것보다는 나을 것 같구나. 알겠다. 판결에 고려하겠다. 다른 통일을 위한 방안은 없느냐?"

"특별한 방안은 없습니다. 하지만, 한반도 역사상 가장 큰 중대사를 한 소년의 생각대로 판결하시진 않겠지요? 다른 대안이 없을 때는 일단 당분간 기다리는 것이 현명한 일 아니겠습니까?"

"네 말이 틀리지 않을 수도 있다. 하지만 그 기다림 속에서 창조의 역사는 타자의 손에 돌아갈 것이다. 그 타자가 통일을 원치 않은 자들이라면 그들의 손에 너희들 운명을 맡겨야 할 것이다. 일단 천신께 상신할 판결문을 만들어 게시할 테니 판결문을 보고 이의가 있으면 반대 의견을 제시하거라."

판결문 작성을 위해 판관은 거처로 들어갔고 사람들은 동쪽 분단 지역의 운명에 대하여 기대와 우려를 보이고 있었다. 잠시 후 판결문이 게시되자, 믿을 수 없다는 듯한 표정과 반응으로 연방 통일 반대론자들은 시끄럽게 떠들어댔다. 그 중, 전통 보수적 가치를 가진 공산주의 배척자들은 천신의 언덕 앞에서 판관이 돌아오기를 기다리다 판관을 보자 마다 이렇게 말했다.

"판관님, 이는 불가능에 가까운 판결입니다. 그렇게 쉽게 중립국화되어 평화롭게 연방 영역에서 살아갈 수 있으면 얼마나 좋겠습니까? 하지만, 인간의 본성상, 각 나라의 소득 차이에 의한 불평등을 참을 수 없어 할 것입니다. 또한 남한의 경우는 1단계 연방 지역이 남한 인구의 반 이상을 차지하는 부분인데 그 지역 주민들이 위험을 감수하고 중립 연방 지역에 편입되는 것을 찬성하리라 생각할 수 없습니다. 절대 불가능하다고 격렬히 반대하는 사람들이 연방제가 진행될 수 없도록 수단과 방법을 가리지 않고 방해할 것입니다. 그들은 도대체 통일해서 자신들이 얻는 이익이 무엇인지를 물을 것이고 이를 명확히 해 주지 않으면 3단계 중립 연방제는 불가능할 것입니다."

"통일이 주는 이익이 무엇이냐고 물었느냐? 그럼 손해는 무엇이냐? 언뜻 보기에도 손해보다는 이익이 더 많아 보이지 않느냐? 누가 통일의 손익에 대해 말해 보거라."

「남북한 통일 문제」 에 대한
판결문

남북한 통일 문제를 해결하기 위해 아래와 같이 판결한다. 남북한은 이를 1년 이내에 즉시 시행하고 모든 관계 법령을 개정할 것을 명한다.

1. 남한은 경기도와 강원도, 북한은 황해도와 강원도 부분을 포함하는 1단계 연방 정부를 구성, 3개의 연방 정부로 10년간 운영한다. 이 지역은 중립국화하고 세계의 모든 나라가 함께 개발하고 발전시킨다. 이 지역은 경제 공동체이며 주요 정치적 결정은 남북한이 협의, 통치한다.

2. 10년간 문제가 없으면 2단계 연방 정부를 남한은 충청남북도와 경북 지역과 북한은 평안남도와 함경남도 남부 지역을 포함한 지역으로 확대하여 추가 10년간 확대 연방제를 운용한다.

3. 연방제 지역 내에서는 모든 인적, 물적, 지역적 교류는 자유롭다.

4. 마지막 3단계 연방 정부는 현재 남한과 북한 전체 지역으로 하며 10년 간 확대 운영 후, 정치적 통일을 위한 국민 투표를 실시한다.

5. 미국, 중국, 일본, 러시아는 이 3 단계 연방 정부 안에 대하여 방해해서는 안 된다. 이 방안을 방해하는 국가는 그 처벌로써, 한반도 대신 분단의 운명을 겪도록 천신이 국가의 운명을 변경할 것이다.

천상의 판관

소년이 앞으로 나와 천천히 이렇게 말했다.

"통일은 10가지 손해와 10가지 이익이 있습니다. 손해는 그 첫째로 경제 인프라 구축을 위한 엄청난 사회적 비용이 든다는 것, 둘째로 부의 분배 문제가 대두되는 것, 셋째로 연방 지역 주민들의 생활이 불안정해지는 것, 넷째로 남북의 문화적 차이로 다툼이 생길 수 있다는 것, 다섯째로 공산화의 위험도 있다는 것, 여섯째로 경제적 이익을 얻기까지 장기간의 시간이 필요하다는 것, 일곱째로 연방제의 부작용이 강조되어 통일에 대한 열망이 약화될 수 있다는 것, 여덟째로 연방제 지역이 정치적 통일이 되지 않는다는 것, 아홉째로 통일이 단계별로 진행되기 때문에 모든 분야에 있어 투자 효율이 떨어진다는 것, 열째로 오랜 기간 동안 국론이 분열된 상태이기 때문에 국가의 경제 발전이 정체될 수 있다는 것입니다."

"그럼, 이익은 무엇이냐?"

"이익은 그 첫째로 대륙으로의 진출로 교통, 물류, 문화 모든 측면에서 그 비용이 줄어들고 투자가 활성화될 수 있다는 것, 둘째로 경제 공동체 구성으로 한반도 자체의 시장이 수출 의존이 아닌 자립적일 수 있다는 것, 셋째로 군사적 긴장 상태의 대규모 저감으로 국방 비용의 획기적 절감이 가능하다는 것, 넷째로 전쟁 불가 상태로의 비가역적 진행으로 외국인들의 안전한 투자처로써 인정받을 수 있다는 것, 다섯째로 중국, 러시아, 미국, 일본 등 세계 강대국들의 지리적 중심으로 부각되어 세계 교통과 교류의 중심으로 자리 잡을 수 있다는 것, 여섯째로 한반도를 전쟁 불가 상태로 주민들의 삶이 평화롭고 평온해질 수 있다는 것, 일곱째로 서양과 동양 문화의 융합 지역으로 한반도가 재탄생한다는 것, 여덟째로 한반도의 통일을 통해 기존 인류의 이념, 민주주의와 공산주의의 벽이 무너져 세계는 새로운 이념과 철학을 탄생시킬 것이라는 것, 아홉째로 한반도를 시작으로 전 세계는 대립의 시대로부터 통합의 시대로 변화할 것이라는 것, 열째로 단일 국가를 통해 민족의 힘이 분산되지 않고 외부 세력에 대항하면서 세계의 핵심 선도국으로서 세상을 오랫동안 이끌 수 있다는 것입니다."

"열 가지 손해와 이익을 생각해보면 정확히 무엇이 더 큰지 알 수 없지만, 확실한 것은 그 이익 측면에서 한반도 국가로서는 시도해 볼 만한 가치는 충분히 있어 보이는구나. 그럼, 다른 이의가 없으면 천신에게 통일 방안을 상신하여 재가를 받도록 하겠다."

판관의 판결문은 천신에게 수정 없이 상신되었고 천신은 즉시 시행할 것을 명했다. 또한, 이 판결문은 남북한과 주변 주요 4개국에 통보되었고, 1년 안에 3단계 연방 통일안 중 1단계가 시행될 수 있도록 전력을 다해 협력, 준비하라는 긴급 명령이 각국에 전달되었다.

숲속에서 길을 잃지 않기 위해서는
두려워하지 말고
숲에 익숙해지고 친밀해져야 한다.
그러면 숲이 스스로 길을 안내할 것이다.
멈추어 천천히 보라.

14. 우리 시대는 한·중·일 3국 연합을 준비하고 있는가

통일을 위한 판결문을 보고, 한 사회학자가 한·중·일 국제 관계에 대하여 이렇게 말했다.

"그렇게 남북한이 통일되는 것은 좋은 일이기는 하지만, 한반도를 둘러싼 중국, 한국, 일본의 대립은 통일의 가치와 의미를 퇴색시킬 것임이 틀림없습니다."

"중국, 한국 그리고 일본은 말은 다르지만, 그 문화의 근원은 거의 같지 않느냐? 세 나라는 유럽 연합 방식으로 통합된 공동체를 만들어 가는 것이 좋을 것 같은데, 세 나라 사이에는 무엇이 문제이고 또 어떻게 공동체를 만들면 되겠느냐? 우선, 이 세 나라 사이에 어떤 문제가 있는지 말해 보거라."

"판관님이 조금 잘못 생각하고 계신 것 같습니다. 일본, 중국 그리고 한국은 절대로 유럽 연합 같은 공동체적 관계를 유지할 수 없는 사이입니다."

"그 이유가 무엇이냐?"

"중국은 자신의 문화와 역사를 앞세워 자신의 국가를 대국이라 칭하고 한국과 일본을 경시하고 있습니다. 한국도 일본에 문화를 전수해 주었다는 과거 사실을 현재도 적용하여 일본을 자신보다 미개한 국가라고 생각하고 있지요. 이와 함께 일본이 한국을 침략하고 식민지화하기까지 하여 국민들을 괴롭힌 사실 때문에 일본을 향한

반감은 그렇게 쉽게 사라질 것 같지는 않습니다. 또한, 일본은 그들대로 항상 중국과 한국에 경시를 받다 근대 이후 겨우 그들을 능가하는 발전을 하였기 때문에 역사적으로 오랫동안 받아 왔던 울분을 앞으로 한참 동안 풀려고 할 것입니다. 한·중·일 연합은커녕 전쟁이 없는 것이 다행인지도 모릅니다."

"이미 오래전 일이고 사람들이 모두 비슷한 문화적, 도덕적, 윤리적 가치를 가지는데 왜들 서로 반목하는지 모르겠구나? 자, 누가 한·증·일 세 나라 관계에 대해 다른 생각을 가지고 있는 사람은 없느냐?"

이때 판결에 참여하던 소년이 이렇게 말했다.

"오해입니다. 그것은 정치인들이 자신의 권력 기반을 유지하기 위한 수단일 뿐, 한국, 일본, 중국의 실제 사람들은 이미 서로 용서했고 100년 가까운 과거의 사실로 서로 적대시하는 것에 찬성하지 않습니다. 각국에서 정치에서 이용하는 이유는 그렇게 해야 편이 갈라지기 때문입니다. 정치는 어쩌면 편 가르기 게임인데 이는 확실한 자기편을 만드는 세력이 권력을 잡기 때문입니다. 그러므로 과거를 잊고 미래를 기대하는 사람들과 과거를 잊지 않고 그것을 다시 회복하려는 사람들을 서로 이용하려는 정치가들 사이에서 한국, 일본, 중국은 가짜 대립의 칼을 세우고 있는 것입니다."

"네 말은 한·중·일 세 나라의 실제적 감정의 골은 없어졌다는 말이냐?"

"완전히 없어지지 않았겠지만, 사람들은 그것이 한·중·일 관계에 악영향을 미치기를 바라지는 않는다는 것입니다."

"그럼, 한·중·일 관계의 문제는 현재 과거사를 이용해 자기편을 만들려 하는 사기꾼 정치가들 때문에 기인한다는 말이구나. 정치가들이 자신을 지지하는 사람들을 모으는 것이 쉬운 일이 아니니 대립하기 쉬운 역사적 문제를 이용하는 것은 어쩌면 자기 신념과 철학이 없는 삼류 정치인이 할 수 있는 유일한 방법일 수밖에 없을 것이다. 문제는 어떻게 사람들 사이의 틈을 메우고 벽을 허무느냐이겠구나. 좋은 생각이 있는 사람 없느냐?"

한 젊은 민족주의자가 판관의 말에 반발하면서 힘주어 이렇게 말했다.

"우리가 왜 중국 그리고 일본과 잘 지내야 합니까? 우리가 왜 그들과 연합해야 합니까? 그들은 우리가 조금 틈만 보이면 우리를 침략하고 우리를 지배하려고 했던 선조 대대로의 원수인데 그것을 복수하기는커녕 그들과 잘 지내고 그들과 연합을 하라니요? 유럽 연합과 우리 한·중·일과는 다른 역사적 배경이 있는데, 유럽이 했다고 우리도 하자는 것은 너무 역사와 문화를 가볍게 여기는 것 아닌지요? 한국과 중국 그리고 일본은 절대 그 틈과 벽이 메워지는 일은 없을 것이며 그렇게 하고 싶은 사람도 거의 없을 것입니다."

"너희들이 과거에 살고 있으면 미래 또한 과거를 벗어나지 못할 것이다. 과거와 다른 미래를 만들고 싶으면 과거와 다른 현재에 살아야 하는 법이다. 유럽 또한 너희 한·중·일 만큼이나 침략과 원한 그리고 피의 역사가 살아 있는 지역이다. 너희와 그곳과 다를 것은 하나도 없다. 문제는 한·중·일 3국에서 누가 '모든 것을 묻고 새로운 세상을 만들 주역이 될 것인가'이다. 한국은 주로 중국과 일본으로부터 침략과 피해를 받아 왔기 때문에 중국과 일본이 새로운 미래를 만들자는 제안을 한다면 받아들일 수 없는 입장이다. 그러므로 반대로 그 슬픔, 불행 그리고 원한을 뒤로하고 다시는 그런 역사가 오지 않도록 하려 한다면 한국이 그 역할을 해야 한다. 중국, 일본이나 다른 어떤 나라도 한·중·일 연합의 미래 사회를 제안할 수 없다. 다시 묻겠다. 한·중·일의 벽을 허물 방법이 없겠느냐?"

다시 소년이 나서 천천히 그리고 차분히 이렇게 말했다.

"냉철한 그리고 분노하는 사람들은 그 답을 알고 있습니다. 한국, 중국, 일본 사이의 벽은 단지 사람들의 감정에 호소해서는 절대 허물어지지 않습니다. 수천 년간 이어진 침략의 불행한 역사를 가진 한국이 이를 분노하고 냉철하게 중국과 일본으로 파고들어 다시는 한국을 공격 대상으로 생각하지 못하도록 그들의 정신을 변화시켜야 합니다. 과거도 그랬지만 현재, 그리고 미래도 중국과 일본은 한국이 약한 틈만 보이면 한국을 침략하고 그들의 손에 넣으려고 할 것입니다. 한국은 중국에게는 태평양을 정복하기 위한 길목이고, 일본에게는 자국의 지리적 위험성을 벗어나 안전한 대륙으로 가기 위한 유일한 통로이기 때문입니다. 한국은 정신을 바짝 차리고 중국과 일본을 한국화하기 위한 조용한 그리고 비밀스러운 행동을 이제 시작해야 합니다. 이는 한국에게 중요하고 필요한 일이지만, 중국과 일본의 국익에도 부합하는 일이 될 것입니다. 우리는 중국, 일본을 한국으로 편입하기 위한 100년의 계획을 이제 은밀히 시작해야 합니다. 이것이 한·중·일의 벽을 허물 수 있는 유일한 방법입니다."

"한국, 중국, 일본 '대통일론' 이구나!"

“이후, 몽골까지 통합하여 한민족 중심의 아시아를 건설하고 이후 러시아, 유럽 연합과 통합한 후, 마지막 미국, 캐나다, 호주 등과 통합하여 지상을 하나의 연합국으로 만드는 큰 계획을 추진해야 할 것입니다. 이는 지상의 전쟁과 다툼을 없애고 극심한 가난을 구제하고 인종 간의 갈등을 최소화하여 진정한 평등과 공평을 이루는 최선의 방책이 될 것입니다.”

이 말에 젊은 민족주의자가 이렇게 말했다.

“일견, 그럴듯해 보이지만 이 계획에는 적어도 다섯 가지 큰 문제점들이 있습니다.”

“그래. 그것이 무엇이냐?”

“첫째로 중국은 인구가 한국의 30배에 육박하고 일본은 경제 규모가 한국의 3배 이상입니다. 섣불리 한국 중심의 연합과 삼국 통일을 시도하다가는 잘못하면 중국이나 일본에 역으로 흡수되어 버릴 위험이 있습니다. 중국이나 일본도 각각의 야망이 있을 터이니 절대 한국 생각대로 진행되기는 쉽지 않을 것입니다. 구체적 전략과 방법이 없는 한, 절대 해서는 안 되는 시도입니다. 둘째는 이의로 한국, 중국, 일본의 문화 차이는 매우 큽니다. 서로 다른 3개의 문화가 융합되기에는 불가능하거나 가능해도 오랜 기간이 필요할 것입니다. 세 번째는 경제 발전 정도의 차이가 작지 않다는 것입니다. 한국과 일본은 큰 차이가 없지만, 중국의 경우는 아직 연합을 추진하기에는 그 경제적 부작용과 연합 탈퇴 시 발생할 수 있는 지적재산권 분쟁이 심각할 것입니다. 넷째는 한·중·일 삼국 간의 뿌리 깊은 적대감 문제입니다. 이는 오랫동안 쌓여 온 감정이기 때문에 단순히 물리적 연합이라는 형식으로 해결될 성질의 문제가 아닙니다. 교류가 잦아짐에 따라 충돌 또한 빈번히 일어나서 오히려 더욱 삼국 간의 대립이 격화될 가능성이 작지 않습니다. 마지막으로 다섯 번째 큰 문제는 연합국이 되었을 때 각 나라의 실질적 이익이 균형을 이룰 수 있느냐의 문제입니다. 어느 한쪽 나라 이익의 추가 기울면 다른 나라는 즉시 연합 국가의 의미를 회의할 것이기 때문입니다. 이는 지금 유럽 연합에서 탈퇴한 영국과 같은 상황이 한·중·일 연합에서도 벌어질 가능성이 상당히 높을 것으로 예상됩니다."

"네 말대로 다섯 가지 문제, 모두 적지 않은 문제들 같구나. 아시아 연합이 구성되려면 넘어야 할 산이 많겠구나. 이 문제들에 대한 해결책은 무엇이 있겠느냐?'

잠시 침묵이 흐른 후, 소년은 이렇게 말했다.

"문제는 그것을 문제로 생각하는 사람에게는 문제이지만, 그것을 극복해야 하는 자연스러운 일로 생각하는 사람에게는 배고픈 사람이 밥을 찾아 먹는 것과 같은 일상의 일일 뿐입니다. 첫째 문제인 국력의 차이는 시대의 변화를 파악하지 못해서 걱정하는 것입니다. 물론 양의 위력도 무시할 수는 없지만, 우리 시대는 이제 현물적 양이 아닌 그 질에 의해 국력이 결정되는 초현실 시대에 이미 들어섰습니다. 더 이상 인구라든지 국민 총생산은 국력의 기준이 될 수 없습니다. 두 번째, 문화의 이질성 문제는 바로 삼국 연합과 궁극적 통합을 위한 우리 일의 방향을 제시해 주는 대목입니다. 문화를 이끄는 나라가 한·중·일 연합을 이끌 것이고 그 나라를 중심으로 통합될 것입니다. 세 번째 경제 격차에 의한 지적 재산권의 공유 범위 문제는 연합과 통합의 정도에 따라 단계적으로 공유 범위를 조절해가면 될 일입니다. 삼국이 서로 이익이 된다면 무엇이든 못 할 게 없을 것입니다. 네 번째 삼국 간의 적대감 문제는 바로 그 적대감 때문에 연합과 통합을 시도하는 것입니다. 그 적대감은 다시 끝없는 대립으로 몰고 가 어느 나라에도 도움이 되지 않는 파괴적 결과에 다다를 수 있습니다. 이것을 방지하는 것이 바로 연합의 목적이므로 이것 또한 연합의 과정에서 하나하나 해결해야 할 중요 과제인 것입니다. 이 적대감을 없앨 방법은 삼국을 하나로 만들 수 있는 유대감을 주는 음악, 문학 그리고 철학이 우리 시대를 한동안 풍미해야 가능할 것입니다. 이는 연합을 통한 기회가 주어지지 않으면 시도조차 불가능한 일이 될 것입니다. 다섯 번째 삼국의 실익에 있어 균형을 이룰 수 있느냐는 문제는 연합과 통합으로 한국은 정치적, 군사적, 경제적 안정을, 중국은 경제 성장을, 일본은 대륙으로의 진출과 지리적 문제 해결이라는 커다란 사냥을 한 셈이기 때문에 비록 세세한 손해들이 있더라도 실익의 균형을 전혀 걱정할 필요가 없습니다. 이처럼 문제는 문제라고 생각하는 사람에게만 문제일 뿐입니다."

"그럴듯하구나. 판결에 참고하도록 하겠다. 다른 의견은 없느냐?"

"소년의 말은 너무 한국 중심적입니다. 이처럼 한국 중심의 통합을 시도하는데 중국과 일본이 그것을 받아들이겠습니까?"

"네 말대로이다. 소년의 말은 소년의 말일 뿐이고, 판관인 나는 한국 중심이 아닌 지상의 미래와 발전을 고려해서 한·중·일 삼국에 공평한 판결을 내릴 것이다. 공연한 걱정은 말라. 이제 판결을 내릴 것이니 판결문이 나온 후 이의가 있으면 말하도록 하라."

천상의 판관은 판결문 작성을 위해 처소로 돌아갔고 사람들은 자신들의 미래가 어떻게 결정될지 궁금해했다. 잠시 후 천신께 올릴 판결문이 게시되었고 사람들은 내용을 확인하기 위해 모여들었다. 중국과 일본에서 온 관리들이 게시 내용을 보고 불만을 나타냈으며 먼저 중국 관리가 이렇게 말했다.

"우선 첫 번째부터입니다. 삼국이 모두 100명 동수로 대표 의원을 구성한다는 것은 말이 안 됩니다. 국가의 면적, 인구, 총 경제 규모에 있어 압도적인 중국이 어떻게 한국, 일본과 동수로 연합 의회를 구성한다는 말입니까? 아무리 적어도 한국, 일본보다는 2배 이상의 대표자로 구성해야 합니다. 화폐를 중국 위안화로 통일하지 않는 것도 불만이며 표준 공용 언어로써 한글을 사용한다는 것은 절대 받아들일 수 없습니다. 이는 30년 가뭄을 겪더라도 천신의 판결을 받아들일 수 없습니다."

"너희들 중국이 아직 정신을 못 차렸구나. 이제 양적 가치가 큰 의미가 없음을 아직도 모르겠느냐? 이제 전쟁도 사람 수로 하는 것이 아니고, 문화도 사람 수에 의한 발전은 더 이상 유효하지 않으며 특히 과학 기술은 사람 수와는 무관하다. 크게 생각해야 할 것이다. 표준어로 한글을 사용하는 것은 지극히 당연한 일이다. 한·중·일 삼국과 아무 이해 관계없는 제 삼국의 언어학자들에게 모두 물어보라. 백이면 백 모두, 한글을 고를 것이다. 간편하고 배우기 쉽고 모든 발음을 표기할 수 있으며 정보 처리 능력에 있어 가장 앞선 문자이다. 눈앞의 이익과 자존심만을 생각하지 말고 무엇이 진정한 이익인지 깊이 생각하면 그런 쓸데없는 주장은 하지 않을 것이다. 다른 이견은 없는가?"

「한·중·일 연합 문제」에 대한
판결문

한·중·일 연합을 통한 삼국 간 적대 문제를 해결하기 위해 아래와 같이 판결한다. 삼국은 이를 1년 이내에 즉시 시행할 수 있도록 모든 관계 법령을 바꾸고 준비할 것을 명한다.

1. 삼국의 행정, 사법, 입법 관련 정치는 현재 그대로 유지하면서 별도의 연합 의회를 둔다. 연합 의회 의장은 2년씩 돌아가면서 맡는다. 연합 의회의 각국 대표 의원은 삼국 동수 100명으로 구성한다.

2. 한·중·일은 화폐를 통일한다. 기준 화폐는 신규 발행하며 기존 화폐의 교환 비율은 현재의 환율에 따른다. 이를 위해 삼국 공동 국책은행을 설립, 운영한다.

3. 연합국 지역 내에서는 모든 인적, 물적, 지역적 교류는 원칙적으로 자유롭다. 각국 필요에 따라 예외적 제한을 할 때는 삼국이 모두 동의해야 한다.

4. 언어는 각국의 말을 그대로 유지한다. 단, 표준 공용 언어는 국제적으로 안정받고 있는 한글로 한다.

5. 한국, 중국, 일본, 삼국은 이 연합국 안에 대하여 반대해서는 안 된다. 이 방안을 방해하는 국가는 그 처벌로써, 30년간 비가 오지 않도록 천신이 그 국가를 징벌한다.

천상의 판관

이번에는 일본을 대표하는 관리가 불만스러운 어투로 이렇게 말했다.

"이번 연합 방식은 아무래도 한국 중심적 연합 같은 인상이 듭니다. 실제로 약간은 한국 중심이지 않습니까? 그렇다면 한·중·일 연합에 일본이 꼭 들어가야 합니까? 이는 중국 대표도 같은 생각일 것입니다."

"절대 한국 중심이 아니다. 통일된 한국은 한·중·일 삼국의 지리적 중심일 뿐이며 또한 한글은 부정할 수 없는 인류의 대표 문자일 뿐이다. 이를 보고 한국 중심이라 한다면 논리적이지 못한 것이다. 연합을 확대하고 주도하는 것은 문화의 힘이 될 것이다. 문화를 이끄는 국가가 삼국을 통일할 것이다. 일본은 국토의 천재지변적 위험성이 있기 때문에 삼국 연합은 선택이 아닌 필수다. 중국은 비록 인구와 국토는 넓지만 향후 30년 이내에 과학 기술과 경제를 발전시키지 않는다면 지상 최빈국으로 다시 전락할 것이다. 중국 또한 삼국 연합은 생존을 위해 선택이 아닌 필수이다. 물론 한국도 불안정한 세계정세 속에서 살아남으려면 마찬가지로 삼국 연합을 통해 그 활로를 찾아야 하는 운명이다. 이는 조금만 깊이 생각하면 알 수 있는 것들이다. 다른 이의는 없느냐?"

이번에는 한국 관리가 물었다.

"삼국 연합이 되었을 때 한·중·일 삼국간 감정적 거리가 가장 문제일 것입니다. 이를 해결할 무슨 묘책이라도 있으신지요? 소년은 이 적대감을 없앨 수 있는 방법은 삼국을 하나로 만들 수 있는 유대감을 주는 문학, 예술, 과학, 기술 그리고 철학 등이 우리 시대를 한

동안 풍미해야 가능할 것이라고 그리고 이는 삼국 연합을 통해서만 그 기회가 주어질 것이라고 합니다만, 조금 더 구체적인 방법에 대해 알고 싶습니다."

"그렇다. 그것이 가장 큰 문제이기는 하다. 지금도 그렇게 서로 감정적 싸움이 그치지 않으니 연합이 되면 걱정이 되는 부분이기는 하다. 이 문제에 대해 소년은 그 해결 방안을 말해 보거라."

소년은 잠시 동안 생각한 후, 조금의 주저도 없이 판관의 물음에 대해 이렇게 답했다.

"어려운 일이기는 하지만 답은 정해져 있습니다."

"그것이 무엇이냐?"

"모두 다르지 않음을 깨닫는 것입니다."

"무엇이 다르지 않다는 말이냐?"

"우리 삶입니다. 한국, 중국, 일본, 그 나라 속 사람은 모두 다른 것처럼 생각하고 있지만, 우리 모두는 주홍빛으로 시작하는 아침 태양을 같이 바라보며, 이슬 속에 비치는 영롱하고 차가운 가을 공기를 같이 마시며, 넓은 바다를 가로질러 거친 숨을 몰아쉬는 태풍 속에서 몸이 날아갈 듯한 바람을 맞으며, 따뜻한 봄날에 연녹색의 새순이 나오면서 탄생하는 생명의 신비를 따뜻하게 받으며, 가시덤불 속에 빠져 날카로운 고통에 신음하며, 온몸이 떨리는 설렘의 순간 속에서 사랑하는 사람을 몰래 바라보기도 하며, 누군가 나보다 나를 더 사랑하는 사람을 만나 행복한 순간을 가슴으로 받아들이기도 하며, 순수한 어린 마음으로 이 세상 모두를 호기심과 사랑으로 바라보기도 하며, 군침이 도는 맛있는 음식을 먹으며 뱃속의 허기를 달래기도 하며, 자신을 사랑하는 엄마 품속에서 아무 걱정 없는 낮잠의 달콤함을 맛보기도 하며, 푸르른 숲속을 맘에 맞는 친구들과 가슴 뛰는 모험심으로 한 걸음 한 걸음 앞서거니 뒤서거니 하면서 얼굴 가득한 웃음으로 서로를 바라보기도 하며, 처음 보는 신기한 것들을 보면서 깜짝 놀라 뒷걸음치기도 하며, 결혼하여 자기 가족을 위해 무엇인가 얼굴이 빨개 지고 땀이 뚝뚝 떨어질 정도로 일에 열심이기도 하며, 평생 여덟 번 열정의 순간에 모든 것을 잊고 설레면서 질주하듯 자신의 다른 모든 것을 희생하기도 하며, 한적한 여름 오전 산책길에서 아내 그리고 아이와 조용히 어제 일을 즐거워하기도 하며, 자신을 존중하는 사람을 위해 더 나아진 모습을 보이려 아무도 모르게 다른 사람이 쉬는 동안 자신을 조용히 고취하며, 몇 사람의 친구들과 웃음으로 세상을 호탕하게 비웃기도 하며, 아픈 몸으로 괴로워하다가 조금씩 좋아지는 상태에 안심하기도 하며, 아침에 시든 잎을 다듬고 물을 준 나무가 싱그러워지면 즐거워 바라보기도 하며, 아내와 말다툼 하다 작은 일로 다시 웃음이 터지면서 같이 즐거워하기도 하며 …"

"그래, 알았다. 자신의 삶을 차분히 살아가면 될 뿐이지, 한·중·일로 나뉘어 서로 미워하고 증오할 것 없다는 말이구나. 같이 연합국으로 교류하다 보면 사람들도 그것을 곧 알게 될 것이다. 네 말대로 교류가 없으면 아무것도 이루어지지 않겠구나. 다른 이의 없는가? 이대로 천신에 상신하도록 하겠다. 이처럼, 세상을 하나의 통일된 연합국으로 만드는 과제는 한국을 중심으로 시작되고 100년 안에 지상은 하나의 연합 정부 형태로 재구성될 것이다."

천신은 판관의 상신을 즉시 허락했고 판결문은 사자들에 의해 한·중·일 각국으로 전달되었다.

행복하기 위해
죽음도 이루게 하지 못할 정도로 어려운 일이 있는데
그것은 타인을 인정하는 일이다.

15. 우리 시대는 개인의 생명과 안전을 스스로 지킬 수 있는가

조금 후, 나이 지긋한 노신사가 판관이 있는 언덕에 찾아와 자신이 겪은 어려움에 대하여 조용히 말했다.

"우리가 살고 있는 지금 이곳의 문제에 대해 알려드리고 싶습니다."

"그래, 그것이 무엇이냐?"

"우리 주변에는 여성들과 같이 육체적으로 약하거나 저희처럼 나이가 들어 약해진 사람들이 많습니다. 성격도 겁이 많거나 사람들과 다툼을 싫어하는 사람들도 적지 않습니다. 문제는 폭력적인 상황에 부딪혔을 때 약하고 힘이 없는 사람들은 범죄에 노출되기 쉽고 경찰 등 국가의 공권력에 의한 보호를 받으려 할 때는 이미 피해를 당한 이후가 되어, 실질적으로 경찰력은 약자에게 별로 도움이 되지 않고 있습니다."

"경찰과 법률이 사후 처리 중심이기는 하지. 그래서 어떻게 하고 싶다는 말이냐?"

"부당한 폭력에 저항하고 대항할 수 있는 무기, 즉 총기를 소지하도록 허락하실 것을 요청드립니다."

"네 취지는 알겠지만, 총기를 소지하는 나라들의 총기 사건에서도 알 수 있듯이 오히려 더 큰 범죄를 야기할 수 있다는 것쯤은 너도 알 것이 아니냐? 그 부작용은 어떻게 해결하려고 하느냐? 그리고 그런 부작용을 감수하고까지 총기를 소지해야 하는 이유를 자세히 말해 보거라."

"우선 미국과 같은 대형 총기 사고는 특히 거의 미국에서만 발생하는 특수 상황입니다. 너무나도 쉽게 그리고 불법적으로 총기를 구할 수 있고 그것을 승인하는 사회 분위기 때문입니다. 확실하고 완벽하게 총기를 관리하고 특별히 허가받은 사람들만 소지할 수 있게 한다면 유사한 사고는 충분히 방지할 수 있을 것입니다. 그러나 그런 위험성이 없지 않음에도 불구하고 총기 소지를 주장하는 이유는 세 가지입니다. 첫째, 어느 누구도 사람에 대한 경시의 증거인 폭력을 함부로 사용하지 못하게 한다는 장점입니다. 이는 의외로 그 영향력이 커서 국가 전체적으로 상대를 존중하는 도덕을 자의적 타의적으로 개선하고 상승시킵니다. 물론, 가장 좋게는 철학과 도덕에 의해 어떠한 경우에도 상대를 존중하는 마음을 잃지 않으면 좋겠지만 현실적으로 아직 철학과 도덕은 무력합니다. 둘째로 육체적으로 젊고 강한 자들에 의한 폭력까지 이르는 범죄를 대부분 방지할 수 있다는 것입니다. 특히 여성들, 약자들이 그 피해 대상인 경우가 많기 때문에 총기 소지는 범죄를 상당 부분 억제할 것입니다. 세 번째 이유는 총기가 경찰 역할을 일부 수행하기 때문에 경찰력을 좀 더 효율적으로 사용하여 더욱 범죄 없는 세상을 만들 수 있을 것입니다."

"그럴 듯하기는 하지만, 분명 다른 의견이 있을 것이다. 이에 대한 다른 의견을 말해 보거라."

이를 듣고 있던 현직 경찰이 앞으로 나와 천상의 판관에게 그 부당함을 이렇게 말했다.

“총기를 소지하지 못하게 해야 하는 이유는 모두 네 가지가 있습니다. 이를 극복하기 어렵기 때문에 대부분의 나라에서 총기 소지를 허락하지 않고 있는 것입니다.”

“그래, 첫 번째 불가 이유부터 말해 보거라.”

“우선, 총기의 관리가 거의 불가능합니다. 수많은 총기류들이 다수 개인들의 집에 보관되어 있다면 도난에 의한 총기 분실의 위험도 있고 각 개인의 관리 부실로 사회 전반에 불안감이 확산될 것입니다. 총기 관리가 완벽히 이루어지지 않는다면 절대 총기 소지를 하락해서는 안 됩니다.”

“이 문제에 대한 대책은 없는 것이냐? 누가 말해 보거라.”

그건 더 이상 문제가 아닙니다. 소년이 말했다.

“그 문제는 각 총기마다 위치 추적기를 부착하여 각 총기들이 보관 위치로부터 벗어나면 즉시 경보가 울리고 경찰에 통보되는 시스템을 구축하면 됩니다. 총기 분실은 원천적으로 차단되며 불법적 은밀한 사용은 절대 불가합니다. 총알도 고유 번호를 가지고 하나하나 통합적으로 관리되어 불법 범죄에의 사용이 원천 차단 됩니다. 총기와 총알이 관리되지 않는 것은 디지털 통신 기술이 확보되지 않는 국가에서의 문제일 뿐입니다.”

“알겠다. 해결 가능성이 있어 보이는구나. 총기 소지를 반대하는 두 번째 문제를 말해 보거라.”

“두 번째 문제는 지상 사람들의 분노 조절 능력의 부재입니다. 사람은 분노에 싸이면 어떤 짓을 할지 모르기 때문에 모든 통제 장치가 무력화될 가능성이 충분히 있습니다. 이는 어떤 훌륭한 인격의 사람도 겪을 수 있는 일이기 때문에 총기 소지는 원천적으로 차단해야 합니다."

이에 대해 소년이 말했다.

"총기 소지 금지는 결국 누군가의 분노에 의해 일어나는 폭력적 행위를 방지하고자 하는 의도를 갖는데 이는 그 자체로 모순을 내포하고 있습니다. 즉 총기 소지 금지가 분노할 때 그 분노를 풀 수 있는 자와 그것을 풀 수 없는 자가 생기게 한다는 것입니다. 이는 결국 분노를 풀 힘을 가진 자에게 특권을 주는 셈이며 힘이 없는 자들은 눈물을 머금어야 하는 상황이 됩니다. 누구도 함부로 분노를 표출하지 못하게 하는 사회적 통제가 되지 않는 한 이 같은 결국 총기 소지 금지는 사회적 강자를 위한 것이 될 것입니다. 이는 평등의 정의에 부합하지 않으며 이는 통제가 필요하겠지만 반드시 바뀌어야 합니다. 총기 소지 금지가 분노에 의한 폭력 때문이라면 오히려 바로 그 때문에 총기 소지는 허락되어야 합니다. 이로써 어떤 사회적 강자도 약자들을 함부로 대하지 못할 것입니다."

"알겠다. 그 문제도 심각한 문제는 아니구나. 다른 문제점도 말해 보거라." 판관이 말했다.

"세 번째 문제는 그럼 누구에게 총기 소지를 허락하느냐의 문제입니다. 이는 상당히 불평등적 힘의 균열을 일으킬 것입니다. 자신이 총을 가진 누군가에게 살해당할 수 있다는 생각은 공동체 분위기를 공포와 두려움으로 물들일 것입니다. 총기 소지 허가의 과정에서 엄청난 비리가 발생할 가능성도 있습니다."

이에 대해 소년이 말했다.

"총기는 약자 중심으로 충분한 인격적 소양을 갖춘 것으로 판명된 사람들에게만 허락될 것입니다. 약자 중심으로 선정하기 때문에 즉, 자신이 약자라는 것이 증명되지 않는 한 허가되지 않을 것이기 때문에 오히려 사회적 특권층에 대한 견제 역할도 훌륭히 수행할 것입니다. 총기 소지 자격의 선정은 배심원 같은 평범하면서도 사람들의 존경을 받는 인물 100명으로 구성된 평가 위원회에서 사 분의 삼 이상의 찬성으로 결정하며 그 유지도 1년에 한 번씩 심사 후 결정하면 문제가 없을 것입니다."

"아무리 그래도 결국 어떤 방법을 써서라도 힘 있고 돈 있는 자들 중심으로 총기 소지가 허락될 것입니다." 경찰관이 말했다.

"그런 걱정은 '비행기가 추락하면 생명이 위험하다' 식의 걱정입니다. 염려 때문에 아무 일도 하지 않는 것보다는 우선 일을 추진하고 많은 사람에 의해 최선의 방법을 찾아가면 그만입니다. 모든 우려와 부작용이 없는 완벽한 제도를 다수의 시민 사회에서 기대하는 것은 불가능에 가깝습니다."

"알겠다. 마지막 다른 문제는 무엇이냐?" 판관이 물었다.

"네 번째 문제는 범죄에 대한 사회적 통제 시스템이 무력화되는 것입니다. 국가는 경찰, 검사, 판사로 이어지는 행정, 사법 기관에 의해 모든 범죄가 통제되고 있는데, 총기 소지가 허락되면 이 통제에 대한 혼란이 일어나, 범죄를 스스로 처리해야 하는지 국가 기관에 의뢰해야 하는지 혼란 속에 빠질 것입니다. 이는 범죄에 대한 응징 및 예방을 국가에 일임하는 것이 아닌 오히려 자신이 가진 총기에 의해 해결하려는 경향이 생기게 할 것입니다."

"경찰, 검사, 판사로 구성된 범죄 처벌 구조와 법률은 어쩔 수 없이 사후 처리 중심일 수밖에 없습니다. 이를 각 개인에게 응징할 수 있는 도구를 줌으로써 범죄 사후가 아닌 범죄 이전에 자신을 방어하고 또한 범죄를 주저하게 하고 예방하는 역할을 할 것입니다. 상대가 총기를 가지고 있다면 범죄를 저지르려고 하는 범죄자는 범죄에 상당한 부담감을 느낄 것입니다. 이 같은 총기 소지의 역할은 그 어떤 것보다 월등히 그 긍정성이 부정성을 압도합니다. 이는 재고의 여지가 없습니다."

"그럴듯하구나. 이에 대한 반론이나 다른 의견이 있으면 말해 보거라."

처음부터 문제를 제기한 경찰관이 다시 이의를 제기했다.

"그렇다면 경찰이 무슨 소용이 있겠습니까? 검사와 판사, 변호사마저 그 필요성이 현저히 줄어들 것입니다."

"그럼, 너는 너희 경찰, 검사, 변호사 직업 안정성 때문에 반대한다는 말이냐?"

"꼭 그런 것은 아닙니다만 전문적 직업인에게 치안을 맡기는 것이 더 안전하다고 생각합니다."

"누가 치안을 안 맡긴다고 하더냐? 법의 보호가 너무 늦어지고 사후 처리밖에 되지 않는 현상을 방지하고 사회적 약자를 폭력과 부정의로부터 미리 보호하자는 것 아니냐!"

이때 대기업을 창업하고 운영하는 사장이 판관에게 말했다.

"그렇게 되면 직원들에게 어떤 명령과 지시도 잘 내리지 못 할지도 모릅니다. 그들의 마음에 안 들면 잘 들으려 하지 않고 잘못하면 사장인 나에게도 함부로 대들 것 아닙니까? 만일 누구에게도 함부로 명령이나 지시를 못 내리게 된다면, 회사는 원활히 운영될 수 없고 곧 파산하게 될 것입니다."

소년이 말했다.

"저 대기업 사장이 우려하는 바로 그것 때문에 더더욱 총기 소지가 필요합니다. 그가 우려하는 바로 그 사회가 지위, 돈 따위로 누구에게도 함부로 할 수 없는 진짜 상호 존중하는 공동체가 될 것입니다. 저런 사장의 생각을 바꾸기 위해서라도 반드시 총기 소지는 인정되어야 합니다."

이때 한 심리학자가 이에 반대 의견을 피력했다.

"또 다른 문제는 자살 위험성입니다. 현대 사회에서 소통 부재와 소외는 우울감을 일으키고 이는 자살 충동과 연관성을 짓지 않을 수 없습니다. 총기 소지는 자살률을 월등히 높일 위험성이 다분히 있습니다."

소년이 말했다.

"세계 전체 국가의 반 이상이 총기 소지를 승인하고 있습니다. 총기 소지가 자살에 일부 영향을 미치는 것은 사실이지만 자살의 원인을 개선하고 없애는 노력을 해야지, 총기와 자살을 연관해서 총기 소지의 긍정성을 반대하려는 것은 마치 사과가 조금 흠집이 있다고 통째로 버리는 것과 같습니다. 흠집은 도려내고 먹으면 되는 일입니다. 오래지 않아 총기 소지 금지는 독재 국가에서나 있을 수 있는 일이 될 것입니다."

"그런데 지금까지 총기 소지 없이도 세계적으로 가장 치안 상태가 좋은 국가로 인정받는 우리가 굳이 총기 소지를 승인해서 모험할 필요가 있겠습니까? 전체적인 국가 치안 상태에 분명 악영향을 미칠 것입니다."

소년이 말했다.

"지금 치안 상태가 좋아 보이는 것은 허울만 좋은 겉보기 상태일 뿐입니다. 실제 약자들은 언제 범죄에 노출될지 모른다는 불안감으로 하루하루를 살고 있습니다. 지금의 치안 상태는 자기 방어권을 충분히 가질 수 있는 일부 힘 있는 자들이 바라는 상태일 뿐입니다. 그리고 지금의 상태가 다른 나라에 비해 좋다고 해서 그것이 가장 좋은 해법인 것은 아닙니다. 월등히 더 좋은 치안 상태로 안심하면서 살 방법이 있는데 현재 다른 나라 최악의 상태와 비교해 현재 상태를 위안으로 삼아 새로운 시도를 처음부터 막는 일이 있어서는 안 됩니다."

"알았다. 총기 소지에 관하여 천신께 상신을 올릴 판결문을 작성할 것이니 게시 내용을 보고 이의가 있으면 다시 말하거라."

판관은 판결문을 작성하기 위해 처소로 들어갔고 사람들은 기대 반, 염려 반으로 판결문을 기다렸다. 결국 판결문은 총기 소지를 승인하는 것으로 작성되었고 경찰, 검사, 판사 등 법조계 사람들과 지금도 사설 경호 등의 방법으로 충분히 안전을 느끼고 있는 사람들 중심으로 반대의 의견이 모이고 있었다. 그중 검사 한 사람이 판관에게 나가 머리를 숙이고 이렇게 말했다.

「총기 소지 문제」에 대한
판결문

총기 소지 문제를 해결하기 위해 아래와 같이 판결한다. 지상의 모든 국가는 이를 3개월 이내에 즉시 시행할 수 있도록 모든 관계 법령을 바꾸고 준비할 것을 명한다.

1. 총기 소지를 지상의 사람 모두에게 평등하게 허락한다.

2. 총기 소지는 3년간의 교육을 이수한 자에게만 그 소지를 허락한다. 허락 후에도 1년마다 재심사한다. 최고 공직자에 준하는 청렴한 자에게만 승인하며 이 자격이 사라지면 즉시 회수한다.

3. 총기는 무선 통신으로 관리하며 본래의 위치를 벗어날 때는 즉시 경찰서에 통보되는 시스템을 구축하고 실행한다. 총알도 총기와 같은 방식으로 관리한다.

4. 총기 소지 여부는 극비 사항으로 노출할 수 없으며 노출하는 자는 총기를 회수한다. 누가 총기를 소지하고 있는지 모르게 해 범죄 예방 효과를 높이기 위해서이다.

5. 정당한 총기 사용 및 정당방위 여부는 총기에 부착된 블랙박스에 의해 촬영된 영상으로 판단하므로 총기를 사용했을 때에는 블랙박스 영상과 함께 제출하여 그 사용 내용을 검증받아야 한다.

천상의 판관

"한국의 경우, 사람들은 쉽게 분노하는 성격을 가지기 때문에 총기 소지 승인은 강력 범죄율의 급격한 상승을 가져올 것입니다. 지금도 사회적 불안으로 사람들이 두려움을 느끼면서 살고 있는데 총기 소지는 그 두려움을 더욱 배가시킬 것입니다. 승인에 대한 상신을 취소해 주시기 바랍니다."

"분노를 쉽게 느끼기 때문에 발생하는 총기 사용 범죄보다는 총기를 상대방이 가졌을지도 모른다는 두려움으로 분노를 참아 범죄를 줄이는 효과가 훨씬 더 클 것이다. 모든 인간이 가지는 강자에 약해지는 본성으로부터 이는 명백한 사실이다. 네가 염려하는 범죄 증가율은 범죄 감소율에 비해 아무것도 아니니 쓸데없는 걱정하지 않아도 된다."

"하지만 경찰, 검사, 판사로 이어지는 행정사법 구조에 의한 범죄 예방 효과가 줄어듦에 따라 점점 더 총기에 의존하려는 경향이 커질 것이고 국가의 행정사법 시스템은 그 기능을 잃어 갈 것입니다. 절대 저희는 받아들이기 힘듭니다."

"너는 범죄가 폭력과 살인 등 중대 범죄밖에 없다고 생각하는구나. 범죄는 이 외에도 사기, 협박, 횡령, 도박, 절도, 성범죄, 교통 규칙 위반, 공동체 규칙 위반 등 수 많은 범죄가 있다. 너희들 행정사법 직업이 필요 없게 되는 일은 없을 테니 걱정 말라."

"하지만 사람들이 경찰, 검사, 판사들을 두려워하는 마음이 줄어들 것 아닙니까?"

"그래, 바로 그것이 너희들 행정사법부에서 조금 힘을 쓰는 자들이 잃고 싶지 않은 것들이란 말이구나. 너희는 모두, 일이 줄어들어

갖고 있는 특권이나 지위가 흔들릴까 걱정하는 것이냐? 바로 그것 때문이라도 총기 소지를 반드시 승인하여 경찰, 검사, 판사 등 행정 사법부에 대한 막연한 두려움부터 없애야겠다. 너희들에게 두려움을 느끼는 것보다는 잠재적 피해자들이 총기 소지를 통해 스스로 방어할 힘을 주어 범죄자들이 두려움을 갖도록 하는 것이 훨씬 의미 있고 중요하다. 너희는 범죄자에 두려움을 주는 것이 아니라 오히려 선량한 보통 사람들에게 두려움을 주어 왔지 않느냐! 자신을 부끄럽게 여겨라."

판관의 판결문은 수정 없이 천상의 천신께 상신되었고 천신은 왜 지금까지 총기 소지가 금지되었느냐면서 즉시 실시할 것을 모두에게 명했다.

알지 못하는 것은
알지 못한다는 것을
알지 못하기 때문이다.

16. 우리 시대는 모두의 인권을 존중해야 하는가

이번에는 30대의 젊은 여자가 판관에게 분노와 울음 섞인 말로 이렇게 자신의 울분을 터뜨렸다.

"제발 지상의 제도를 손봐주시기를 간청드립니다. 도저히 제정신으로 그냥 살 수가 없습니다."

"무슨 일인데 그러느냐?"

"제 아이가 흉악범에게 살인을 당해 이 세상에 없는데, 그자는 15년 형을 받고 멀쩡히 살아 있습니다. 나는 그 자가 살아 숨 쉬는 한 같은 하늘 아래서 그가 내뿜는 악취 나는 공기를 마실 수 없습니다."

"그를 사형시키기를 원하느냐?"

"네, 재판을 다시 열어서라도 그자를 이 세상에서 없애기를 바랍니다. 내 아이의 원한을 갚지 못하고 이렇게 사는 것은 죽는 것만 못합니다."

"그래 내가 그를 천신께 말씀드려 지옥으로 데려가는 것은 불가능한 것은 아니지만, 이런 일이 지상에서 네 경우만 있는 것은 아닐 테고 사형에 대한 다른 생각도 있을 테니 다른 의견을 한 번 들어보자. 사자는 이 사건을 담당했던 경찰, 변호사, 판사와 사형 제도에 관해 연구한 사회학자들도 몇 명 같이 데리고 오너라."

사자는 즉시 판관이 요청한 사람들을 느티나무 아래 천신의 언덕으로 데리고 와 모이게 했다. 판관은 첫 번째로 변호사에게 물었다.

"자네는 왜 저런 동정이 필요 없는 극악무도한 자를 변호했는가? 그리고 무슨 논리로 살인자를 변호했는가?"

"변호한 이유는 간단합니다. 그가 돈을 주고 변호를 의뢰했기 때문입니다. 변호사란 직업이 그런 직업입니다. 물론 그가 살인을 저지른 것은 명확하고 그 죄까지 무죄로 만들려는 것은 아닙니다. 단지 사형이나 무기징역 같은 너무 가혹한 형벌이 선고되지 않도록 그의 살인에 있어서 참작할 만한 바를 재판부에 호소하기 위함입니다."

"살인자를 보면 그전부터 비난받을 만한 일을 많이 저질렀고 이번 살인도 어린 여학생을 인간 같지 않은 행동과 함께 살인을 저질렀는데 어쩌면 사형이 당연한 일이 아니더냐. 그래, 네가 사형을 반대한 이유는 무엇이냐?"

"네, 사형이 있어서는 안 되는 이유는 네 가지가 있습니다. 첫째는 사형은 결국 인간을 죽이는 행위라는 것입니다. 신을 제외하고 인간을 죽일 수 있는 자는 없습니다. 둘째는 살인자의 자백에도 불구하고 무언가의 이유로 판결에 오류가 있을 가능성이 아직은 남아 있는 것이고 사형은 그 판결의 오류를 회복 불가능하게 합니다. 세 번째 이유는 그가 행한 범죄 행위의 상당 부분은 그의 부모, 우리 사회에 일부 책임이 있다는 것입니다. 그가 더 나은 환경에서 자라고 살아왔다면 그 범죄 행위는 발생하지 않았을 수 있었을 테니 말입니다. 그리고 마지막 네 번째 이유는 무엇이 국가와 사회에 이익이 되는가의 관점입니다. 인간의 사악함으로 역사상 많은 경우 모함과 계략으로 사형을 당한 수많은 선한 사람들이 있습니다. 앞으로도 그런 일이 벌어지지 말라는 보장은 없습니다. 사형 제도 폐지는 이런 선하고 정의로운 자를 지키기 위해서도 반드시 필요합니다."

"그럴듯하구나. 그러면 이번엔 사형 제도가 필요한 이유에 대해 다른 사회학자가 말해보거라."

"사형 제도가 필요한 네 가지 이유를 말씀드리겠습니다. 첫째, 범죄 예방을 위해서 반드시 필요합니다. 자신도 죽는다는 생각은 살인을 분명 방지합니다. 둘째, 국가는 피해자의 영혼과 피해자 가족들의 슬픔과 분노를 위로해 주어야 할 의무가 있습니다. 어떤 악도 용서하지 않는 리바이어던처럼 국가는 약자를 대신해 사악한 악에 대해 더 강하게 응징해주어야 하는 의무가 있습니다. 선한 사람을 보호하고 그들 편을 들어 주는 것, 이것이 바로 국가의 존재 이유입니다. 세 번째 이유는 상징적 효과입니다. 사형 제도는 죄에 대한 엄정한 응징이 있다는 경고를 사회에 내림으로써 살인 같은 강력 범죄뿐만 아니라 전반적 처벌의 수준이 강화되어 선과 정의가 악과 부정의를 확실히 지배하고 있음을 공동체에 주지시켜 주는 효과가 있습니다. 마지막 네 번째 이유는 불공정의 이유입니다. 선한 사람이 어렵게 낸 세금으로 사형을 고려할 정도의 극악한 자들의 의식주를 장기간 또는 평생 제공한다는 것, 이것은 우리 공동체의 공정성을 해칩니다. 절대로 아무 반성도 하지 않는 극악무도한 자들에게 선한 자들이, 심지어 그 피해자들조차 자신의 세금으로 의식주를 제공하는 일은 있을 수 없습니다."

"네 말을 들으면 극악한 자에게는 사형이 필요할 것 같구나. 그런데 너희 나라는 왜 사형 제도를 시행하지 않느냐? 이번엔 판사, 네가 말해 보거라.

"저희도 30년 전에는 사형을 집행했습니다. 그런데 범죄자이긴 하지만 인권 차원에서 그들의 목숨만은 남겨두는 것으로 사회적 합의가 이루어져 있습니다. 저희 판사들도 그 사회적 합의를 마음대로 뒤엎을 수는 없습니다."

"사회적 합의가 되어 있다는 말이냐? 그런데 막상 피해자들이 그런 합의를 할 리가 없고 대부분의 선한 약자들도 그런 합의가 그들에게 무슨 이익이 되겠느냐? 사회적 합의가 되었다는 말은 믿을 수가 없다. 왜 사형 제도를 시행하지 않는지 다른 이유를 말해 볼 사람, 없는가?"

다른 사회학자가 앞으로 나가 이렇게 말했다.

"그 이유는 그것이 우리 공동체에 도움이 되기 때문입니다. 공동체의 도덕에 용서, 화합, 배려, 인내, 인간 존중 같은 훌륭한 가치를 보여 주는 단적인 예가 되어 우리에게 아름답고 이상적인 국가를 만들 수 있도록 도와주기 때문입니다. 이는 강력 범죄 몇 건 방지하는 효과보다 훨씬 중요하고 막대한 긍정 효과를 제공할 것입니다. 이런 이유로 조금 억울한 사람도 없진 않겠지만 사형 제도 폐지는 당연한 사회 발전 단계에서 도입되어야 하는 제도입니다."

"그런가? 간접 효과를 말하니 딱히 반론은 하기 어렵지만, 그리 내키지는 않는구나. 알겠다. 다른 의견은 없는가?"

이때, 조용히 자리를 지키던 소년이 앞으로 나와 판관에게 이렇게 말했다.

"우리 사회에 노예 도덕을 퍼뜨리는 악의 세균 같은 자들이 아직 지상에는 가득합니다. 용서, 화합, 배려, 인내, 인간 존중의 가치는 남에게 그것을 베푸는 선한 자들만이 누릴 수 있는 상호적 가치입니다. 그러한 가치를 존중하지 않고 타인을 이용하고 지배하고 무시하고 경시하는 파렴치한 폭력배들에게 그것을 나누어서는 안 됩니다. 자라나는 어린아이들이 가치관의 혼란을 겪게 되기 때문입니다. 모든 사람의 인권은 존중되어야 하지만, 같은 이유로 모든 사람의 인권이 똑같이 존중되어서는 안 됩니다. 인권의 존중은 선한 자에게만 적용되어야 합니다."

"남을 배려하지 않는 파렴치한들을 존중할 필요는 없겠지. 그런데 이곳 동쪽 나라는 차별 없는 세상을 위한 국가인권위원회도 있고 범죄자들의 인권을 세계 어느 나라보다도 잘 지켜주지 않느냐? 사형 제도도 그런 이유로 폐지된 것 아니냐?"

"인권과 정의 중, 인권을 택하는 세계에서 몇 되지 않는 어리석은 선택을 한 나라입니다." 소년이 말했다.

"하지만 너희 나라는 세계를 이끌 정도로 뛰어난 두뇌의 소유자들이 많은 나라가 아니냐? 사람들이 모두 그렇게 어리석을 리가 있겠느냐? 무언가 이유가 있을 것이다."

"물론, 이유는 있습니다. 아무도 눈치채고 있지 못해서 그렇지요."

"그래, 그 이유는 무엇이냐?"

"사형제도 폐지는 인권을 위한 것이 아닌 힘 있는 자들끼리 결탁하여 자신들을 위한 안전장치를 만든 것입니다. 사람들에게는 인권을 앞세워 모든 범죄자들의 사형을 금지시키고 이에 따라 다른 범죄들의 구형량을 축소시켜 자신들 범죄에 대한 보호막을 쳐 놓은 것입니다. 이들에게는 공동체의 정의가 중요한 게 아니라, 자신들을 지켜 줄 약해 빠진 법 적용과 처벌 강도입니다. 사회 정의가 무너져 타락하고 망가지던 그들에게 별로 상관없으니까요. 오히려 정의가 무너지는 것은 그들은 바라는 바이지요. 사람들을 자신들의 마음대로 부릴 수 있으니까요. 악한 자들의 인권을 위해 사형 제도를 금지하는 것이 아니라, 선한 사람들의 인권을 위해 사형 제도를 시행해야 합니다."

"국가인권위원회 같은 조직도 그럼 결국 정의를 버리고 강자들을 위한 들러리 같은 일을 하고 있다는 말이구나. 그런데 사람들은 모두 속아 넘어가 인권, 인권 타령만 하고 있구나."

"이는 오랫동안 사람들을 교묘하게 세뇌시킨 결과이고 거기에 민주화 운동을 역이용하여 약자를 보호하는 인간적 인권운동 처럼 가장하면서 힘 있는 강자들이 그 열매를 가로채고 있는 것이지요."

"자신들의 특권을 위해 정의를 무너뜨리고 인권을 이용한다고? 세상을 위해 그대로 내버려 두어서는 안 되겠구나."

"잠시만 기다려주시기 바랍니다," 사회적 강자라고 인정되는 어느 성공한 대기업 사장이 말했다.

"그건 오해와 모함입니다. 저는 그런 생각은 한 번도 한 적이 없고 지금 처음 듣는 이야기입니다. 막상 당사자인 저도 모르는 이야기를 막 지어서 하고 있는데 그것을 사실로 믿고 판결에 고려하려고 하시니 이 무슨 말도 안 되는 일입니까?"

"그건 네가 몰라서 그런 말을 하는 것이다. 돈 버는 데만 급급한 네가 그것을 알 리가 있겠느냐. 잘 들어라. 소년이 말한 힘 있는 자들이란 어떤 특정한 사람을 지칭하는 것이 아니라, 힘 있는 자리를 뜻하는 것이다. 네가 그런 생각이나 행동을 하든 하지 않든 너는 그 자리에서 온갖 특권과 불공정한 혜택을 너도 알지 못한 채 누려 왔던 것이다. 네 자리가 널 냄새 나게 만드는 것이다. 바로 그것 때문에 사람들은 바로 그 자리에 오르려 하는 것이기도 하다. 그 자리가 악취가 나는 것이지 처음부터 사람에게서 악취가 나는 것이 아니다. 하지만 거기 조금 있다 보면 사람에게도 악취가 묻어나는 것은 당연한 일이다. 거의 예외 없이 말이다. 이제 판결을 내리겠다. 천신께 상신하기 전에 게시할 테니 이의가 있으면 말하라."

이때, 소년이 이렇게 말했다.

"한 가지, 요청드릴 것이 있습니다. 나라에 따라서는 사형을 선고만 하고 집행하지 않는 편법이 있을 수 있습니다. 이를 가능한 금지시켜 주시고, 그래도 사형 집행을 하지 않는다면 이 집행 연기 기간 동안에는 본인이 원하면 사형을 시키도록 해 주십시오. 그리고 이 집행 연기 기간 동안 상상을 초월하는 노역과 굶주림을 맛보게 하여 스스로 죽음을 선택하도록 강제해 주시기를 요청드립니다."

"알겠다. 피해자들의 슬픔과 분노가 위로될 수 있도록 파렴치한 범죄자들에게 죽음 또는 죽음에 상당하는 고통을 주도록 판결하겠다."

천신은 판결문을 작성하기 위해 처소로 돌아갔고 사람들은 인권과 사형에 대한 최종 판결에 관심을 가지고 그 결과를 기다렸다. 그 결과에 따라 범죄에 대한 처벌의 강약 경향이 결정되기 때문이다.

「인권과 사형 문제」에 대한

판결문

인권과 사형 제도 문제를 해결하기 위해 아래와 같이 판결한다. 지상의 모든 국가는 이를 3개월 이내에 즉시 시행할 수 있도록 모든 관계 법령을 바꾸고 준비할 것을 명한다.

1. 선한 자의 인권은 보호하고 배려해주지만, 악한 자, 파렴치한의 인권은 보호하지 않는다.

2. 인권은 범죄 피해자 중심으로 보호하며 가해자의 인권은 보호하지 않는다.

3. 인권 파괴 범죄를 두려워하도록 모든 지상의 판사는 범죄자들이 피해자와 합의해도 판결에서 그 형량이 감형되지 않도록 한다.

4. 정의로운 인권을 위해 사형 제도는 부활하고 흉악범에게는 반드시 사형을 집행한다. 사형 집행이 연기되는 기간에는 견디기 어려울 정도의 가혹한 노동과 죽지 않을 정도의 음식만 제공한다.

5. 선한 자, 약자, 피해자 중심의 판결을 하지 않는 지상의 경찰, 검사, 판사 등 관련자는 예외 없이 10년 이상의 징역형에 처한다.

6. 흉악범들의 사형을 집행하지 않는 국가는 천신의 권한으로 예외 없이 가뭄과 지진 등 자연재해로 고통 속에 살도록 하겠다.

천상의 판관

판결문을 보고 약자들은 환호했지만, 힘 있는 자들은 불만을 터뜨렸다. 그중 한 사람이 천상의 판관에게 이렇게 말했다.

"아니, 이 판결은 우리가 가진 특권과 힘을 전혀 쓸 수 없다는 말 아닙니까? 특권을 누리다 보면 약한 자들에게 피해를 주기도 하지만 그들에게 그만한 보상을 해주면 될 것 아닙니까? 그들도 강한 처벌 보다는 피해를 본 부분에 대해 보상을 받기를 더 선호할지도 모릅니다."

"네 말은 사형 제도를 포함해서 범죄에 대한 판결을 낮추라는 말이냐?"

"그렇습니다. 범죄자도 인권이 있는 것 아닙니까?"

"그렇다. 범죄자도 물론 인권이 있다. 하지만 인권을 누릴 만 한지의 판단 기준은 그가 선하고 올바른지 여부이다."

"예수님도 부처님도 교화를 우선하셨지 처벌을 우선하시지는 않았지 않습니까? 천신께서도 자비를 베푸시는 것이 천신다운 것 아닙니까?"

"악한 자는 어쩌다 실수로 악한 일을 저지른 자가 아니라, 악한 일을 저지르는 자신의 행위에 양심의 가책을 느끼지 않는 자이다. 악한 자를 엄하게 처벌하는 것이 천신이 지상의 사람에게 줄 수 있는 최고의 자비이다. 쓸데없는 소리 말라."

결국, 판결문은 그대로 수정 없이 상신되었고, 천신은 당장 판결문대로 시행할 것을 엄명했다.

자유는
세심하게 준비한 자에게만 주어지는 선물이다.
쉽게 자유롭지 못한 이유이다.
어느 날 아침 눈을 떴을 때
자유로울 수는 없는 일이다.

천신과 판관, 다시 올라가다

"판관, 네가 보기에 지상은 앞으로 살기에 어떻겠느냐?"

"네, 삼천 년 동안 많은 발전이 있었는데 잃은 것도 적지 않은 것 같습니다. 오랫동안 조금씩 나빠진 것들이기 때문에 갑자기 좋아지기는 힘들겠지만, 천천히 좋아질 것입니다. 만일 좋아지지 않는다면 지상은 스스로 감당하기 어려운 시간을 맞이할 것입니다."

"이번 판결로 다시 삼천 년은 견디겠느냐?"

"판결대로 따라 준다면 가능성은 있지만, 그렇지 않다면 삼천 년은커녕 삼백 년도 어려울 것입니다."

"그럼, 더 엄격하게 판결하지 그랬느냐?"

"네, 그렇게 하고 싶었으나 지상의 폭동 위험도 있고 하여 적절히 판결했습니다."

"또 다른 판결은 필요 없겠느냐?"

"환경문제, 폭력성 문제, 동물과의 공존 문제 등 다른 많은 문제도 천신의 판결이 필요하지만, 이 문제들에 대해서는 지상에서 나름 열심히 하고 있는 것 같아 이번 판결에서는 제외했습니다."

"그렇구나. 자, 그럼, 우리 모두, 이제 지상의 일은 판결과 그것을 수행하는 인간에 맡기고 우리는 다시 천상으로 그만 돌아가도록 하자. 지구 같은 별이 너무 많아 내가 모두 직접 다스릴 수는 없으니 자기 운명은 스스로 정할 일이다."

우리 시대의 판결

우리 시대의 판결

우리가 만드는 시대정신

우리 시대의 판결

1판1쇄 ‖ 2020년 11월 24일
지은이 ‖ 원융
펴낸이 ‖ 이현준
펴낸곳 ‖ 자유정신사
등록 ‖ 제251-2012-40호
주소 ‖ 경기도 성남시 판교역로 145
전화 ‖ 031-781-7812
팩스 ‖ 031-935-0520

ISBN 978-89-98392-37-6 (03100)

이 도서의 국립중앙도서관 출판예정도서목록(CIP)은 서지정보유통지원시스템 홈페이지(http://seoji.nl.go.kr)와 국가자료종합목록 구축시스템(http://kolis-net.nl.go.kr)에서 이용하실 수 있습니다. (CIP제어번호 : CIP2020047408)